역사에는 의미도 목적도 없다.
그것은 실천적(윤리적)으로만 존재한다.

– 가라타니 고진 『윤리 21』 중에서

hash tag

人+文 무크지 [해시태그] vol. 1

hash tag

人+文 무크지 [해시태그] vol. 1

구멍

북노마드

#hash tag # 구명

북노마드 人 + 文 무크지 [해시태그] vol. 1

초판 1쇄 인쇄 | 2015년 2월 16일

초판 1쇄 발행 | 2015년 2월 23일

펴낸이, 편집인 | 윤동희

글 | 문강형준 박형준 손희정 이원석 토리 하승우 박성경 김신식

편집 | 김민채 황유정

기획위원 | 홍성범

편집위원 | 문강형준 손희정 이원석 하남석 하승우

디자인 | 이진아

표지 그림 | 박성경

종이 | 아르떼 210g(표지) 팬시크라프트 90g(커버) 그린라이트 80g(본문)

마케팅 | 방미연 최향모 유재경

온라인 마케팅 | 김희숙 김상만 한수진 이천희

제작 | 강신은 김동욱 임현식

제작처 | 영신사

펴낸곳 | (주)북노마드

출판등록 | 2011년 12월 28일 제406-2011-000152호

주소 | 413-120 경기도 파주시 회동길 216

문의 | 031.955.1935(마케팅)

      031.955.2646(편집)

      031.955.8855(팩스)

전자우편 | booknomadbooks@gmail.com

트위터 | @booknomadbooks

페이스북 | www.facebook.com/booknomad

ISBN | 978-89-97835-94-2 04300

       978-89-97835-93-5(세트)

○ 이 책의 판권은 지은이와 (주)북노마드에 있습니다. 이 책 내용의 전부 또는
일부를 재사용하려면 반드시 양측의 서면 동의를 받아야 합니다.
북노마드는 (주)문학동네의 계열사입니다.
○ 이 책의 국립중앙도서관 출판시도서목록(CIP)은 e-CIP 홈페이지(www.nl.go.
kr/cip.php)에서 이용하실 수 있습니다. (CIP 제어번호: CIP 2015004020)

＊일러두기＊

[*#hash tag* 해시태그]는 북노마드가 만드는 인문무크지입니다.
소셜네트워크서비스SNS : social network service에서 '#' 뒤에 특정 단어를
넣어, 그 주제에 대한 글이라는 것을 표현하는 데서 이름을
가져왔습니다. 북노마드 인문무크지 [*#hash tag* 해시태그]는 매 호마다
'지금-여기-우리'가 함께 고민해야 할 특정 주제에 대한 관심과 지지를
드러내기 위해 더욱 노력하겠습니다.

새로운 무크지가 선을 보인다. 글과 정보가 넘치는 시대에 혼란을 더 보탤 생각으로. 이미 길이 있는 게 아니라면 길을 찾아야 하는데 우리는 여전히 길이 있을 거라 믿고, 그렇게 믿고 싶은 건 아닌지. 답을 찾는 것보다는 우리 시대의 '맥'을 짚는 일이 먼저라고 생각하는 사람들이 모였다. 길을 찾아 헤맬 때 옆에서 말 건네며 대화를 나누는 친구가 있다면 좋지 않을까. 이왕이면 비슷한 감각을 가진 사람보다 다른 감각을 가진 사람이 좋지 않을까. 그렇게 해서 편집위원들이 모였다.

길을 찾으려는 의지는 비슷하지만 삶과 세상을 보는 관점이 다양한지라 우리는 대체 누구이고 왜 모였을까, 라는 고민은 계속 따라다녔다. 무크지의 정체성이 될 수도 있는 제호에 관해서도 여러 고민을 나눴다. 여러 제안이 있었지만 최종 선택은 해시태그(#)였다. 해시태그는 소셜네트워크에서 특정 주제에 대한 글이라는 것을 밝혀서 비슷한 관심을 가진 사람들이 서로 소통하고 공유할 수 있게 한다. 해시태그는 취향을 공유하는 방법이자 자신이 읽는 책을 소개하는 방법, 굴뚝 위에 올라간 노동자들과 연대하는 방법, 집단지성을 구현하는 방법이다. 우리 시대의 놀이이자 소통, 연대, 집단지성이라는 점에서 이 무크지의 성격과 잘 어울린다고 생각했다. 가벼운 잽과 무거운 훅, 날카로운 스트레이트가 섞인 무크지를 만들기에 좋은 제호라고 생각했다. 무크지라는 매체의 성격에도 잘 맞는 듯하다. 잡지도 아닌 것이, 단행본도 아닌 것이, 열려 있는.

사실 이름보다 먼저 고민한 건 대체 무엇을 어떻게 다룰까, 였다. 다른 무크지의 형식을 벗어날 수 있을까? 그러다 문득 합의한 것은 한 가지 주제어를 두고 여러 필자들이 글을 쓰는 방식이었다. 특집, 기획, 이런 거 구분하지 말고 한 가지 주제에 관한 필자들의 다양한 내공과 결을 드러내자. 그러니 너무 구체적이지 않고 다소 추상적이면서 상상의 여지가 있는 주제어를 만들자, 그러면 시의성이 있으면서도 다양하고 깊이 있는 논의를 끌어낼 수 있지 않을까, 이런 합의가 이루어졌기에 해시태그라는 제호도 쉽게 공유되었다.

　인문무크지 해시태그의 첫번째 주제어는 '구멍'이다. 배, 세금, 빚, 꿈, 공포, 북유럽 등의 주제어들을 논의하다 문득 구멍으로 합의가 되었다(공교롭게도 #은 우물을 뜻하는 한자와 비슷하다). 구멍하면 사고, 침몰, 싱크홀 같은 우리 사회의 비극들이 연상된다. 하지만 구멍은 무언가를 들여다볼 수 있고 얻을 수 있고 탈출할 수 있는 가능성이기도 하다.

　이번 호에 실린 글들을 읽어보면 알 수 있겠지만 구멍은 비어 있는 장소이자 채워야 할 장소이다. 들여다보는 곳이자 대면하고 손잡는 곳이다. 한국 사회 곳곳에 구멍이 있다면 그 허술함과 계략을 비판하는 동시에 무엇으로 그 위험을 채울지, 한국 사회 곳곳이 막혀 있다면 그 완고함과 구조에 어떻게 구멍을 낼지, 이런 과제가 생긴다. 시작하는 무크지로서 너무 무거울 수도 있지만 가볍게 세상을 풍미하기엔 너무 거친 시대가 아닌가.

　서서히 가라앉는 세월호를 방치하면서 우리 사회는 언제 무너질지 모르는 싱크홀에 발을 들여놓았다. 구멍을 사유하고 구멍과 대면하지 않음이 이런 현실을 불러온 건 아닌지. 무사히 건너가길 바라는 마음이 많겠지만 신음하는 사람들의 무게가 너무 무겁다. 같이 무너지면 통쾌할까? 파국 이후의 삶은 어떨까?

해시태그라는 제호처럼 주제어를 던졌을 뿐 글쓴이들이 그 주제어를 논하는 방식을 제한하지 않았다. 그래서 아감벤과 네그리, 피케티와 권력자본, 영화-구멍과 서사, 의식산업과 자기계발, 성소수자와 혐오, 음란과 사랑, 타자성과 슬픈 기억이 구멍이라는 해시태그를 통해 만났다. 정치경제학에서 미학까지 그 폭이 넓다. 독자들이 이 무크지를 읽고 해시태그를 통해 소통하고 놀며 더 풍성한 이야깃거리를 만들면 좋겠다. 시작이다, 그래서 설레면서도 싱숭생숭하다. 어디까지 갈 수 있을까? 독자들이 같이 걸어달라.

2015년 2월,
하승우

차례

1

Giorgio Agamben, *What Is an Apparatus? and Other Essays*,
trans. David Kishik and Stefan Pedatella, Stanford, CA: Stanford
University Press, 2009. 이하 이 책에서의 인용문 뒤에는 괄호
안에 페이지수를 표기한다.

장치와 구멍

- 조르조 아감벤, 『장치란 무엇인가?』[1]에 대한 메모

문강형준

1.

언제나 그렇듯이 조르조 아감벤Giorgio Agamben은 '용어'에 대한 고고학적 탐사로부터 시작한다. 그는 이 논문에서 미셸 푸코Michel Foucault의 핵심 개념인 '장치dispositif'를 다시 읽어내려고 시도하는데, 그 작업은 푸코의 스승인 장 이폴리트Jean Hyppolite에게로 거슬러올라간다. 푸코는 1960년대 말경까지는 '장치'라는 개념을 쓰지 않고 대신 '실증성positivite'이라는 개념을 썼는데, 푸코가 이 용어를 어디서 찾았을까를 고민하던 아감벤이 헤겔의 역사철학에 대한 이폴리트의 책을 다시 읽던 중 이 용어를 발견하게 되었기 때문이다. 이폴리트의 '실증성'은 헤겔의 자연 종교natural religion와 실증 종교positive religion 구분 속에서 등장한다. '자연 종교'가 인간과 신 사이의 직접적인 관계를 규정한다면, '실증 종교'는 밖에서 인간에게 부과되는 교리, 규칙, 의식 등의 조합을 의미한다 (4). 이폴리트는 자연과 실증이라는 이 두 개념을 자유와 의무, 이성과 역사와 같은 이항 대립으로 풀어내면서 이 둘을 변증법적으로 뛰어넘어야 한다는 헤겔의 주장을 해석하고 있다(5). 어쨌든 여기서 이폴리트를 통과한 헤겔의 '실증성'은 외부적 권력에 의해 개인에게 부과되어 하나의 믿음과 느낌으로 내면화된 규칙, 의식,

제도 등을 의미하게 된다(6). 푸코는 이 용어를 빌려와 개인/내면과 권력/외면 사이의 관계를 파고들게 되며, 이 '실증성'이 후에 '장치'라는 개념으로 확장되고 정교화되었다는 것이다. 개인의 신념을 형성하는 외부적 교리, 규칙, 의식 등을 헤겔이 '실증적'이라는 형용사로 정의했듯, 이를 이어받은 푸코에게 '장치'란 담론, 제도, 건축 형태, 규칙, 법, 행정 조치, 학문적 진술, 정치적·도덕적 입장 등 갖가지 이질성을 띠고 있는 조합들 자체이자 그것들 사이의 네트워크이고, 그것은 언제나 권력관계에 개입하고 발전시키고 막고 고정화하고 이용하려는 성질을 갖는, '전략적' 기능을 한다(2~3). 주지하다시피, 푸코에게 '권력'은 언제나 '관계'로 나타나며, 그것은 어떤 정치적 기관 속에 들어 있는 게 아니라 다양한 '장치'를 통해 개인을 변형시키고, 훈육시키는, 즉 '주체화'하는 방식을 의미한다. 헤겔-이폴리트-푸코가 사용하는 '실증성' 혹은 '장치'라는 개념에서 공통적으로 나타나는 어떤 이미지가 있다면, 그것은 '외부에서 존재에게 가해지는/들어가는 것'이자 '자연 상태를 인위적으로 가공하고 변형시키는 것'이라고 할 수 있다.

2.

아감벤은 다소 뜬금없이 초기 기독교(2~6세기) 교부들의 역사로 돌아가서 그들이 사용했던 그리스어 '오이코노미아oikonomia'에 주목한다. 우리가 현재 사용하는 '경제economy'의 뿌리말인 '오이코노미아'는 기독교 신학에서 삼위일체설을 주장하는 교부들에 의해 처음 전유된다. 성부-성자-성령이라는 세 가지 지위가 여호와라는 유일자로 통합되어 있다는 삼위일체설을 관철하기 위해 교부들은 여호와라는 존재being와 그가 수행하는 일action을 나눈다. 성부인 여호와가 존재 자체라면, 성자인 그리스도는 세상에 대한 일을 수행한다는 것이다. 그리고 이처럼 인간 세상을 통치government하고 관리administration하는 그리스도의 역할('일')을 이르는 단어가 '오이코노미아'이다. 이렇게 이미 2~6세기경 사이에 서양의 철학에서 '존재'는 신학을 경유하여 존재론ontology과 실천론praxis으로 분리되어 이해되기 시작한다. 왜 아감벤이 '오이코노미아' 이야기를 꺼냈는지 이제 가닥이 잡힌다. 초기 기독교 신학에서의 '오이코노미아'는 앞의 헤겔-이폴리트-푸코가 사용했던 '실증성'과 동일한 역할, 곧 외부(신, 권력)에서 존재(인간, 신민)에게 가해지는, 그래서 그를 가공하고, 변형하고, 통치하고,

관리하는 일을 의미하는 데 사용되었던 단어인 것이다. 그리고 다시, 이 그리스어 '오이코노미아'는 후에 '디스포지티오dispositio'라는 라틴어로 번역된다. '디스포지티오'는 푸코가 '장치'를 의미하며 사용했던 프랑스어 '디스포지티프dispositif'의 어원이고, 푸코의 '디스포지티프'가 영어로 번역되면서 '아파라투스apparatus'가 된다. 경제oikonomia/economy와 장치dispositio/dispositif/apparatus가 동일한 뿌리를 가지고, 장치와 실증positivite/positivity이 동일한 의미를 가진다는 사실, 그래서 결국 경제, 장치, 실증이 모두 하나의 범주로 묶일 수 있다는 사실을 여기서 알 수 있다. 요컨대, "장치(경제, 실증)"는 존재를 가공하고 변형하고 관리하고 통치하는 외부적 활동을 의미하는 것, 곧 자연적 '존재being'를 특정한 '주체subject'로 만드는 것이다. 장치는 언제나 주체화의 장치다.

3.

　　이쯤에서 아감벤은 종종 "텍스트의 전개는 저자와 해석자를 구분하기 불가능한 결정불능지점에 도달"하고, 해석자인 자신은 "이것이 특히 행복하긴 하지만, 분석하고 있는 텍스트를 그만 놓아두고 자기 자신의 일을 시작해야 할 때가 되었다"(13)고 말한다. 푸코의 '장치'를 넘어서서 자신만의 '장치' 분석을 시작한다는 뜻이다. 아감벤이 하는 첫번째 변주는 존재를 두 계급class으로 분할하는 것이다. 그 하나가 생체living beings or substances라면(이것이 '존재론'이다), 다른 하나는 그 생체를 끊임없이 포획하는 장치들apparatuses이다(이것이 '실천론'이다). 아감벤의 두번째 변주는 주로 담론/지식과 제도에 중점을 두었던 푸코의 '장치' 개념을 확장하는 것이다. 그는 존재/생체의 "몸짓, 행동, 의견, 담론을 포획하고, 결정하고, 간섭하고, 모형화하고, 통제하고, 공고히 하는 역량을 가진 문자 그대로 모든 것을 장치로 부르고자 한다"(14). 그래서 여기에는 푸코적인 감옥, 정신병원, 팬옵티콘, 학교, 고백, 공장, 규율, 법/원뿐 아니라 "펜, 글, 문학, 철학, 농업, 담배, 내비게이션, 컴퓨터, 휴대폰, 언어"(14)까지 모두 포함된다. 아감벤의 장치는 사물 자체라고 해도 무방하며, 그것은 호모 사피엔스를 동물에서 인간으로 만든 모든 것을 의미한다. 세번째 변주. 이렇게 생체가 장치와의 관계를 통해 새로이 탄생하는 것이 '주체subject'다. 그리고 이 주체는 장치의 수만큼이나 다양한 형태의 주체화 과정을 겪는다. 나는 '작가'이면서 '네티즌'이면서 '흡연자'이면서 '핸드폰 사용자'이면서 '집사님'일 수 있는 것. 모든 인간은 행복해지기 위해 장치를/에 사용하려는/사용되려는 욕망을 가지며, 장치는 이 욕망을 충족시켜줌으로써 인간을 포획한다. 장치가 존재와 맺는 이 관계로 인해, 장치에 문제가 있다고 해서, 혹은 장치의 포획을 거부하고 싶다고 해서 그로부터 벗어나거나, 장치를 완전히 없애버리는 일은 "그리 단순하지가 않다"(17). 이 지점에서 '저항하는 장치'를 구상하는 푸코와 '무한한 포획성'을 강조하는 아감벤은 이미 방향을 달리하기 시작한다.

4.

　　장치가 개별 존재의 자유를 포획하고 분할한다
면, 장치에 대한 저항은 그 자유를 공통의 것으로 되돌리는 데 있
을 것이다. '저항'이 과연 가능할 것인가를 고민하던 아감벤은 다
시 새로운 개념을 끌어들인다. 그것은 [그의 전문 분야(?)인] 로
마법과 종교에서 사용되던 '신성모독profanation'이다. 로마법에 따르
면, 신들에게 속했던 물건은 신성하게 여겨지고, 따라서 세속에서
인간들에 의해 자유롭게 사용되거나 교역되어서는 안 된다. 이러
한 질서를 무시하고, 신성한 물건을 인간이 세속적으로 사용하는
행위가 '신성모독'이다. '성화to consecrate'되는 것은 인간의 영역에서

신의 영역으로 갈 때이고, 반대로 '신성모독화to profane'되는 것은 신의 영역에 있던 물건이 인간의 영역으로 올 때다. 전자가 '분리'를 규정하는 것이라면, 후자는 '공통화common use'를 의미하는 것이 된다. 희생sacrifice은 이러한 '분리'를 행하는 종교적 장치이고, 신성모독은 이 분리를 거역하면서 공통화를 회복하는 장치, 곧 '역-장치counter-apparatus'라고 할 수 있다(아감벤의 또다른 개념인 '호모 사케르'는 이렇게 볼 때, 희생도 안 되고, 신성모독도 안 되는 존재, 존재와 장치의 영역 모두에서 버림받은 하나의 비주체라고도 규정할 수 있겠다).

5.

　　이런 관점에서, 자본주의를 비롯한 근대적 권력 형태들은 로마 시대의 종교가 행했던 '분리'의 과정을 극도로 밀어붙이는 장치들이다. 여기에서 아감벤의 핵심 주장이 등장한다. 지금껏 주체화(새로운 주체의 생산)를 수행하는 조합들이라고 장치를 규정했지만, 아감벤은 "오늘날 자본주의 단계에서 장치는 주체화보다는 탈주체화desubjectification를 가속화시킨다"(20)고 주장한다. 푸코가 분석하는 근대의 장치들이 존재 스스로 자신을 부정하고 새로운 주체로 거듭나게 만드는 주체화 장치였던 데 반해, 오늘날의 장치들은 이러한 주체화에는 별 관심이 없이 단순한 착취에 몰입하고 있다는 것이다. 존재와 장치 사이의 긴장 관계가 사라진 것. 물론 여기에는 거의 편재할 정도로 많은 장치의 수가 한 역할을 하고 있을 것이다. 장치는 주체화보다 착취만을 일삼고, 글로벌 자본주의 시대의 인간은 그저 장치가 충족해주는 사소한 욕망들에 만족하면서 "인간 역사상 가장 순응적이고 비겁한 사회체"(22)로 존재한다는 게 아감벤의 진단이다. 흥미롭게도 권력(장치)은 이렇게 순응적인 인간들에게서도 위협을 느끼게 되는데, 그것은 역시 장치의 과도한 산포로 인해서이다(가령, 공히 인터넷에

민감했던 이명박·박근혜 정부를 떠올릴 것). 요컨대, 인간은 장치에 둘러싸여 소시민적이면서 순응적이 되고, 동시에 권력은 그 인간을 두려워하면서 각종 감시 장치를 가동하게 되는 최악의 상황이 온다. "비디오카메라가 장악한 도시의 공공 영역은 하나의 거대한 감옥의 내부로 변형된다"(23). 푸코의 '감옥'은 이제 도시 전체로 확장되었고, 여기에 대처할 '주체'는 보이지 않는다. "정치의 황혼"(22)은 이런 상황을 일컫는다.

6.

　　그렇다면, 지금이야말로 '장치의 극단적 포획과 분할'에 맞서는 '공통화의 역-장치', 곧 '장치의 신성모독화'가 가장 필요한 시점이 된다. 그러나 아감벤에게는 희망이 보이지 않는다. "장치에는 물론이거니와 장치가 행하는 주체화 과정에 끼어들기가 불가능한 한, 그래서 모든 정치의 시작점이자 동시에 소멸점인 '통치되지 않는 자들the Ungovernable'이 출현하지 않는 한"(24) 신성모독화라는 역-장치는 아예 제기될 수조차 없기 때문이다. 우리는 여기에서 과도한 장치와 그것이 가진 영향력 속에서 모든 성찰 능력을 잃은 채로 탈주체화되어버린, 그래서 궁극적으로 장치에 의한 무한 착취를 당하면서도 즐겁고 행복하게 살아가는 글로벌 자본주의 시대의 '탈주체' 혹은 알랭 바디우Alain Badiou식으로 말하면 "인간-동물human-animal"을 목격한다. '통치되는 자들the Governable'로 넘쳐나는 곳에서 아감벤은 '통치되지 않는 자들'의 출현을 바라지만, 이미 장치-내-존재라는 삶의 조건은 그 출현을 봉쇄했다. 이 완벽한 '피통치자들'은 오늘날의 정치를 가능케 하는 어쩌면 또하나의 호모 사케르는 아닌가. 당연히, 이러한 상황의 결말은 "파국catastrophe"이다(24).

7.

이 논문에서 아감벤이 푸코와 갈라지는 핵심적 지점은 어디일까? 푸코가 광인수용소, 감옥, 섹슈얼리티 등의 근대적 장치 분석을 통해 주안점을 두었던 것이 장치가 행하는 주체화(권력을 내면화하는 주체)였다면, 글로벌 자본주의 시대의 무한 확장된 장치를 통해 아감벤이 주목하는 것은 장치가 행하는 '탈주체화'(순응하면서 착취당하고 감시당하는 존재)다. 아쉽게도 아감벤은 '장치' 개념의 언어적 기원에 대한 분량에 비해 터무니없이 적은 분량을 이에 할애하면서 이 '탈주체화'에 대한 논증을 핸드폰이나 텔레비전에 관한 짧은 예로 한정하고 있다. 즉, '탈주체화'라는 개념이 이 논문에서 가지는 무게가 (특히 결론과 관련해서) 상당함에도 불구하고, 이 개념을 정교화하지는 않고 있다. 얼핏 보아, 아감벤이 말하는 '탈주체화된 글로벌 자본주의 시대의 존재들'은 코제브-후쿠야마-히로키 등의 주체론과 비슷한 계열에 위치해 있는 듯하다. 가령, 코제브의 '동물로 회귀한 인간', 니체/후쿠야마의 '최후의 인간', 히로키의 '동물화한 포스트모던 주체' 등은 공히, 또 서로를 참조하고 인용하면서, 헤겔적 의미의 근대적 역사가 '종언'된 이후에 등장하는 1차원적인, 소시민적 편안함에 만족하는, 거대한 서사를 더이상 원하지 않는, 순응적인 존재들을 지시하고 있다.[2] 아감벤은 여기에 무한 증식한 '장치'라는 개념을 덧붙여서 그 그물 속에 포획되어 정치의 영역으로 나아가지 않는 '통치되는 자들'을 이야기한다. 아감벤의 또다른 개념인 '호모 사케르'가 그 완전한 비-인간성으로 인해 정치를 가능케 한다면, '통치되는 자들' 역시 그 완벽한 동물적 순응성으로 인해 정치를 불가능하게 만든다. 아감벤의 글을 감싸고 있는 어떤 '비판적 정조'는 오늘날 세계, 특히 탈산업화된, 소위 선진화된, 후기 자본주의 소비사회의 핵심적 측면을 포착하고 있다. 어느 정도의 물질적 풍요를 달성하고, 어느 정도의 정치적 안정화가 이루어졌을 때, 사람들이 더이상의 정치적 싸움이나 투쟁, 거대 서사에 목숨을 거는 행위들을 기피하면서, 오직 자신과 가족의 편안함과 안정을 인생의 목표로 생각하게 되는 어떤 '경향성' 말이다. 물론 '선거'도 있고 '시위'도 있고 '토론'도 있지만, 그 어떤 것도 거대한 시스템 전체의 격변에는 (감히) 다가가려고 하지 않는 그런 분위기. 아감벤이 그려내려는 것은 바로 그런 사회 속에서 감지되는 '정치의 황혼'과 탈주체화된 존재가 빚어낼 수밖에 없는 '파국'이다.

2
Alexandre Kojève, *Introduction to the Reading of Hegel: Lectures on the Phenomenology of Spirit*, trans. James H. Nichols Jr, Ithaca, NY: Cornell University Press, 1980.; 프랜시스 후쿠야마, 이상훈 옮김, 『역사의 종말』, 한마음사, 1992.; 아즈마 히로키, 이은미 옮김, 『동물화하는 포스트모던』, 문학동네, 2007.

8.

　　이러한 아감벤의 '장치론'과 정반대의 입장에 서
있는 대표적인 사람은 아마도 같은 이탈리아 출신의 철학자 안토
니오 네그리Antonio Negri일 것이다. 이 논문에서 아감벤이 쓰는 다음
과 같은 문장을 일단 보자.

> 삶의 모든 장에서 장치들이 더욱더 스며들고 퍼짐에 따라,
> 통치는 포착하기 힘든 요소, 즉 온순하게 복종하면서도 포획
> 을 빠져나가는 것처럼 보이는 요소에 더욱더 직면하게 될 것
> 이다. 그렇다고 해서 이러한 요소가 그 자체로 혁명적 주체
> 를 만들어낸다거나, 통치 기계를 멈춰 세우고 혹은 심지어
> 위협할 수도 있다는 말은 아니다. (23)

　　'장치'의 증가는 통치가 완전히 지배하기 힘들게 교묘히 빠
져나가는 요소들을 발생시킬 것이지만, 그것이 그 자체로 혁명적
주체를 만들어내거나 통치 기계를 위협하지는 못할 것이라고 아
감벤은 전망한다. 먼저 주목할 것은, "그 자체로in its own right"라는
교묘한 표현이다. 다시 말하면 '빠져나갈 구멍' 같은 것. 그러니까

이 세상 그 무엇도 '그 자체로' 혁명적이 되거나 사건을 만들어낼
수 있는 것은 없다. 언제나 '그 자체'에 무언가가 덧붙여짐으로써
또다른 무언가가 발생할 수 있는 것이다. 이 단어를 통해, 아감벤
은 '장치가 만들어낼 또다른 가능성'에 주목하는 것이 '장치 자체'
에 대한 과도한 믿음에 기반을 둔 것처럼 보이게 만드는 일종의
레토릭을 구사하고 있는 것이다: 이런 아감벤과 달리 네그리(와
하트)의 경우는 똑같이 푸코의 '장치'를 끌어와서 "혁명적 주체"와
"통치 기계를 멈춰 세우고 혹은 심지어 위협할 수도 있는" 요소를
발견해낸다. 네그리가 『제국Empire』에서 말하는 "권력의 역설"을
보자.

> 모든 사회적 삶의 요소를 통합시키고 자기 내부로 포함시키
> 는(이로써 서로 다른 사회적 힘들을 효과적으로 매개하는
> 자신의 역량을 상실하게 되는데) 바로 그 순간에, 최대한의
> 다수성과 억누를 수 없는 특이성이라는 새로운 환경 ─곧
> 사건의 환경─ 을, 새로운 맥락을 함께 드러내보이게 되는
> 이 권력의 역설……[3]

3
Antonio Negri and Michael Hardt, *Empire*, Cambridge, MA:
Harvard University Press, 2000, pp.25.

네그리가 말하는 "권력의 역설"이란 그것이 삶의 모든 것을 자신의 품 안에 집어넣는 그 순간, 삶은 권력을 좌지우지할 수 있는 힘을 동시에 획득할 수 있다는 것이다. 네그리의 사상은 실로 이런 '역설'의 사상이라고 해도 지나친 말은 아니다. 장치에 대한 네그리의 생각 역시 동일하다. 무한 증식하는 (권력) 장치들은 그것이 가지는 착취의 힘이 커짐과 동시에 그 장치들을 소유한 존재들에 의해 좌우될 가능성도 커지는 것이다. 자본주의의 핵심이 생산에서 정동과 지식으로 이동함에 따라, 그 정동과 지식을 가진 '삶/인간 자체'가 동력이 되는데, 이 '생명권력biopower'이 삶을 흡수할수록, 삶이 조금만 엇나가도 권력은 불안해할 수밖에 없고, 바로 그 지점에서 삶은 힘을 갖게 된다는 것이다. 아감벤이 살짝 언급하고 있는 '권력의 불안'을 네그리는 '혁명적 힘'으로 바라보고 있다고 할 수 있을까. 아감벤이 장치를 통해 동물화되는 '대중'에 초점을 맞추는 반면, 네그리는 장치를 통해 혁명적 힘을 소유하게 되는 '다중'에 초점을 맞춘다. 네그리에게 바틀비적인 '거부'와 탈영병들의 '탈주'가 중요한 가치가 되는 이유는 여기에 있다. 네그리의 이러한 분석은 '너무나도 안정된' 고도의 자본주의 사회에서는 일종의 판타지와도 같은 면모를 갖기도 한다. 그러나 다중의 힘에 대한 네그리의 믿음은 착취를 핵심으로 하는 자본주의의 균열이 심해질수록 설명력을 획득한다. 자본주의는 그 파괴적 생산력만큼이나 어느 순간 자기 자신마저도 파괴하는 균열을 만들어낼 수밖에 없는데, 바로 그런 '위기'의 상황 속에서 인간/삶이 하나둘씩 빠져나가기 시작한다면 어느 순간 시스템 전체가 흔들리고 무너지는 상황으로 직결되는 것이기 때문이다.

9.

      장치는 '주체화'에 더이상 관심을 두지 않는다는 아감벤의 분석은 다른 측면에서도 만족스럽지 않다. 이미 '탈주체화된' 존재들을 그저 착취함으로써도 유지되는 사회는 언제나 한시적일 수밖에 없기 때문이다. 존재는 계속 새로이 등장하는데 이를 '주체화'하지 않는다면 현재의 시스템은 유지될 수 없다. 핸드폰이나 텔레비전이 더이상 주체화에 관심을 두지 않는다? 어떻게 그럴 수 있겠는가? 그것이 하는 주체화는 감옥이나 고해성사와 같은 푸코식 주체화와는 다를 수 있겠지만, 장치의 논리 속으로 존재를 끌어들여 장치의 논리대로 사고하게 만든다는 점에서는 동일한 주체화 과정이다. 가령, 텔레비전의 여러 엔터테인먼트 프로그램들이 대중에게 어떠한 가치관을 주입하는가(그것이 성공하거나 실패하는가는 다른 문제일 수 있다)에 대해서는 말할 것도 없다. 아감벤식의 장치론으로는 '왜 어느 날 갑자기 오디션 프로그램이나 서바이벌 프로그램들이 등장하여 시청률을 올리는가?'와 같은 질문에 답할 수 없다. 이러한 텔레비전의 특정한 형식들은 그 시대가 풀지 못하는, 혹은 풀어야 하는 과제들에 대한 문화적 주체화 과정이다. 한국 사회의 모든 구성원은 '경쟁을 피할 수 없다'는 사실을 알고 있지만, '경쟁이 최선의 결과를 낳는다'거나 '경쟁 과정 자체가 감동적일 수 있다'는 사실은 모를 수도 있다. 경쟁에서 탈락한 사람들의 불만과 경쟁 과정에 있는 자들의 불안을 통치하고 관리하기 위해서는 '경쟁은 어쩔 수 없다'는 것보다는 아예 경쟁 자체가 주는 감동, 경쟁이 가져오는 최고의 결과를 보여주어야 한다(예컨대 〈슈퍼스타 K〉, 〈K팝스타〉). 학교-장치가 상벌을 통해 주체화를 이룬다면, 텔레비전-장치는 엔터테인먼트와 감동을 통해 경쟁에 대한 입장과 태도를 바꾸게 하는 주체화를 수행한다. 문제는 이렇게 경쟁을 낭만화하고 엔터테인먼트화하는 서사 형식이 갑작스럽게 증가한다는 사실 자체가 주는 이면이니, 곧 이렇게까지 하지 않고서는 결코 유지될 수 없는 자본주의의 어떤 절박함이 있는 것이다. 물론, 이 '주체화'가 완전히 먹히는가? 그렇지는 않을 것이다. 드 세르토Michel de Certeau가 말하듯, 시스템의 가치는 언제나 대중에게 들어오면서 굴절되기 때문이다. 바로 그렇기 때문에, 장치는 더 정교해지고, 더 촘촘해지며, 더 광범위해진다. 그러나 다시, 그 속에서도 완벽한 관철은 결코 일어나지 않는다. 즉, 언제나 '구멍'은 있는 법이다. 아감벤이 말하는 절대

다수의 "통치되는 자들" 옆에는 반드시 존재하는 "통치되지 않는 자들"이 있게 마련이다. 그렇다고 "통치되는 자들"이 또 항상 '완벽히' 통치되는 것도 아니다. '장치'에 대한 비관 혹은 낙관은 이 모호함과 이중성 속에서 길을 잃을 수 있다. 아감벤적인 어떤 완벽한 지배도, 네그리적인 어떤 혁명적 기회도, 이 모호함과 이중성 앞에서는 부족하다. 완벽한 지배도, 완벽한 혁명도 없다고 보는 편은 어떨까? 바로 그렇기에, 이 비-완벽성이 만들어내는 구멍은 결국 그 만큼의 '기회'를 언제나 내포하고 있는 셈이다.

10.

　　오늘, 우리가 '박근혜 정권'이라는 이름의 야만적이면서 노회한 통치를 통해 목격하고 있는 사례들은 바로 이런 "비-완벽성이 만들어내는 구멍"이다. 법과 경찰력이라는 장치가 결코 완전히 막을 수 없는 이 구멍 속에는 "통치되지 않는 자들"이 똬리를 틀고 있으면서 언제나 다른 '기회'를 엿보는 중이다. 경찰의 곤봉과 대법원의 판결과 동료의 자살 앞에서 다시금 쌍용차 공장 70미터 굴뚝에 올라가 시위를 재개한 해고노동자 이창근과 김정욱, 세월호를 어서 잊고자 하는 여야의 특별법 합의 이후에도 세월호가 표상하는 국가의 무능과 자본의 탐욕을 여전히 알리기 위해 촛불을 끄지 않는 시민들, 거대한 공권력에 의한 행정대집행으로 송전탑 건설이 완료된 이후 다시 협동조합과 법정 투쟁의 방식으로 싸움을 재개하고 있는 밀양의 할머니들, 반쪽짜리 인권선언에 맞서 서울시청 청사를 점거한 이후 '시장'이 아닌 '시민'의 목소리로 제대로 된 인권선언을 '발표'해버린 성소수자들…… 이 "통치되지 않는 자들"은 아무리 진압하려 해도 진압되지 않는다. 그런가 하면 다수의 "통치되는 자들"은 오늘도 생존 경쟁에서 밀려나지 않기 위해 열심히 일하고 나서 완벽히 탈정치화된 미디어의 엔터테인먼트를 즐기며 하루의 피로를 풀지만, 심지어 이 "통치되는 자들"처럼 보이는 이들마저도 사실은 권력과 자본에게 보이지 않는 방식으로 자신의 '살 길'을 끊임없이 모색하는 중이다. 이들의 합리성은 '혁명'을 만들어내지는 못할지라도 최소한 권력과 자본의 '완벽한 통치'만은 불가능하게 하는 차원에서 면면히 작동한다. 드라마 〈미생〉을 보고 감동하는 직장인들은 이 드라마 장치 속에 담긴 신자유주의적 자기계발 이데올로기를 내면화하고 있지만, 동시에 '미생들끼리의 따뜻한 연대'라는 작은 공간만은 공유한다. 삶 자체를 식민화하는 자본이라도 이러한 공간이 만들어낼 어떤 가능성까지 포섭할 수는 없는 것이다. 세계는 미세하면서도 폭력적인 장치들로 가득하고, 동물화를 넘어 좀비화된 주체들이 이 장치들 속에서 삶 아닌 삶을 살아가고 있지만, 어딘가에는 통치-장치들이 끝까지 포획할 수 없는 주체들이 남아 있다. 완벽한 노예도, 완벽한 혁명가도 아닌 상태로, 그러나 분명 구멍 같은 존재로 남아 있다. 멀리서 보면 표면은 너무나도 매끄럽고 부드러워 보이지만, 가까이서 보면 그 속에는 미세한 구멍들이 곳곳에 있다. 구멍은 비어 있음으로서 존재하는, 즉 '없기' 때문에 '있는' 역설 자체다(꽉

쌍용자동차 공장 70미터 굴뚝에 올라가 시위를 재개한 해고노동자 이창근과 김정욱,
세월호가 표상하는 국가의 무능과 자본의 탐욕을 여전히 알리기 위해 촛불을 끄지 않는
시민들, 거대한 공권력에 의한 송전탑 건설이 완료된 이후 또다른 방식으로 싸움을
재개하고 있는 밀양의 할머니들……. 어딘가에는 통치-장치들이 끝까지 포획할 수 없는
주체들이 남아 있다. 멀리서 보면 너무나도 매끄러워 보이지만, 가까이서 보면
그 속에는 미세한 구멍들이 곳곳에 있다.

차면 이미 '구멍'이 아니다). 구멍의 역설은, 따라서, '목적'으로 가득 차 있는 장치의 피할 수 없는 반대항이기도 하다. 헌법재판소라는 장치의 수백 쪽 짜리 판결문은 10만 명의 당원을 가진 진보정당 하나를 일거에 해산시켰지만, 그래서 표면상 통합진보당은 사라지고 없지만, '없기' 때문에 통합진보당은 이제 자신이 존재했을 때는 보이지 않았던 응원과 공감을 받고 '있다'. 통합진보당이 사라진 자리에는 박근혜 정권과 그 똘마니인 헌법재판소로 인해 무너진 민주주의적 가치를 둘러싼 분노가 어떤 방식으로든 자라날 수밖에 없는 것이다. 아무리 촘촘하다 해도, 장치는 구멍을 남겨두지 않을 수 없고, 비어 있는 상태로 존재하는 구멍의 역설을 넘어설 수도 없다.

11.

장치란 무엇인가? 주체의 완벽한 지배와 관리를
위해 고안된 권력의 배치 체계, 혹은 무한한 가능성을 가진 무수
한 구멍의 생산자.

|

문강형준

|

문화평론가. 중앙대와 서울대에서 영문학을 공부했고, 위스콘신
대학교(밀워키)에서 영문학/문화이론 박사 과정을 마쳤다.
'파국' '광신' '괴물' 등 현재의 질서와 불화하는 이질적 담론들을
바탕으로 문화 텍스트를 분석하며 한국 사회의 작동 방식을
탐구하는 데 관심을 갖고 있다. 현재 계간《문화과학》편집위원이며,
《한겨레》토요판에 '크리틱' 칼럼을 연재하고 있다. 저서로『혁명은 TV에
나오지 않는다』(2012)『파국의 지형학』(2011)『영어를 잘하면 우리는
행복해질까』(2009)『귀신 간첩 할머니: 근대에 맞서는 근대』(공저,
2014)『사회를 말하는 사회』(공저, 2014)『아이돌』(공저, 2011)이 있고,
역서로『광신』(2013)『권력을 이긴 사람들』(2008)『루이비통이 된
푸코』(공역, 2012)『동물들의 침묵』(해제, 2014) 등이 있다.

구멍 뚫린 '자본론': 모호한 자본 개념 위에 세워진 자본 이론들

박형준

현 자본주의 사회의 불평등 문제를 정면으로 공격하는 700페이지 (영문판 기준) 분량의 사회과학 서적이 출판된 지 1년도 채 안 되어서 전 세계적으로 60만 부가 팔렸다고 한다. 토마 피케티Thomas Piketty 의 『21세기 자본』 이야기다. 가히 '피케티 신드롬'이라 부를 만하다. 제목에서 연상되듯이, 이 책은 카를 마르크스Karl Marx의 『자본』에 상응되는 '자본론'을 표방하고 있다. 피케티는 주요 선진국의 자산과 소득 데이터를 길게는 300년 전까지 추적하면서, 부와 소득의 불평등 심화를 자본주의에 구조적으로 내재되어 있는 '법칙'으로 파악하려 한다. 그런 가운데, 자본주의적 경제 발전 과정에서 초기에는 분배가 일시적으로 악화되지만 점점 개선되어 결국 모두가 다 잘 살게 된다는 주류 경제학의 대표적 이데올로기 중 하나인 사이먼 쿠즈네츠Simon Kuznets의 'U자 가설'을 부정한다. 다른 한편으로는 자본 수익률이 역사적으로 4~5퍼센트로 유지되어 왔다는 통계를 바탕으로, '이윤율의 경향적 저하 법칙'이라는 마르크스주의 자본 이론의 중심 테제 중 하나도 기각한다. 압도적인 장기 시계열 데이터 분석을 근거로 내세우는 주장이기 때문에 피케티의 주장을 쉽사리 반박하기 힘들 것이다.

|

피케티의 역사적 의미를 살리려면
새로운 자본 이론이 필요

|

어느 누구도 쉽사리 부정할 수 없을 만큼 어마어마하게 축적된 실증적인 데이터를 분석했다는 강점을 갖고 있지만, 이 책의 이론화 작업은 매우 취약하다. 『21세기 자본』이란 제목에서 마르크스의 『자본』의 한계를 넘어 현대자본주의를 체계적으로 이해할 수 있는 이론을 제시할 것처럼 기대를 불러일으키지만, 그 기대를 충족시켜주지는 않는다. 불평등을 야기하는 자본주의의 사회경제적 동학을 이론적으로 체계화하는 시도는 이루어지지 않았고, 몇 개의 자산 지표와 소득 지표 사이의 관계식을 이용해 자신이 분석한 '불평등 심화'라는 현상이 필연적임을 설명하는 데 주안점을 두고 있다.

직설적으로 표현하자면, 『21세기 자본』은 체계적인 '자본' 개념이 빠진 '구멍 난 자본론'이라 부를 수 있다. 또 한 가지 문제는 불평등 문제를 '법칙화'하려는 시도에 불평등을 정당화하기 위해 만들어진 주류 경제학의 이론 틀, 이를테면 자본의 한계생산성이나 대체탄력성 등을 사용하는 모순을 드러내고 있다는 것이다. 게다가 법칙화 시도에 합당한 이론적 체계화도 부족하다. 예를 들어, $a=r \times \beta$라는[1] 시장가격으로 측정된 국부 통계와 크게 노동소득과 자본소득으로 나뉘는 국민소득 통계 사이의 회계적 항등식을 가지고 "자본주의 제1법칙"으로 명명한다든가, 매우 이상적인 조건하에서만 성립이 가능한 자본주의 균형 발전 모델을 나타내는 $\beta=s/g$라는 관계식[2]을 조건을 특정하지 않고 "자본주의 제2법칙"이라 부르며 사용하고 있다. 주류 경제학 쪽에서조차 그런 법이 어디 있느냐고 혀를 내두를 정도다(Ray, 2014).

마르크스주의 정치경제학 쪽에서는 피케티가 주류 경제학을 비판하면서 동시에 전통적인 정치경제학의 주제인 분배와 사회적 불평등 심화의 문제를 전면에 제기한 것을 높이 사지만, 그가 생산 영역에서 불평등이 기인한다는 점을 간과했고, 자본 개념을 '재산'으로 대치한 점을 지적하며 비판적인 태도를 취하고 있다(김공회 외, 2014). 이러한 문제 제기는 일정 정도 타당하지만,

---

[1] a는 국민소득에서 자본소득 비중, r은 자본수익률, β는 자본/소득 비율. 이는 GDP가 1인당 GDP 곱하기 전체 인구수로 구할 수 있다는 말이나 마찬가지의 당연한 항등식이다. 그래서 항상 참이지만, 사회현상의 어떤 메커니즘을 설명하거나 변수들 간 인과율을 구성하는 것은 아니다.

[2] 해로드-도마-솔로우Harrod-Domar-Solow로 이어지며 발전된 균형성장 조건 공식을 가져다 쓴 것으로서, s는 저축률, g는 경제성장률 혹은 국민소득 증가율을 의미한다.

그렇다고 마르크스주의 정치경제학 쪽이 이를 해결할 수 있는 자본 개념을 가지고 있는 것은 아니다. 그쪽의 자본 이론도 '구멍'이 뚫려 있기는 마찬가지다. 주류 경제학 쪽은 더더욱 그렇다. 새 술은 새 부대에 담아야 한다. 피케티의 『21세기 자본』에 담겨 있는 불평등 심화에 관한 실증적인 분석들이 갖는 의의를 제대로 살리기 위해서는 자본 개념의 재정립이 필요하다. 이 글에서는 기존 자본 이론들이 '싱크홀' 위에 세워진 거대한 빌딩에 지나지 않음을 설명하고, 그 구멍을 메울 수 있는 '권력 자본론'이라는 새로운 자본 개념을 소개하겠다.

|

부와 소득의 원천 문제

|

마르크스주의 정치경제학 진영은 『21세기 자본』의 핵심 문제점으

로 사회적 분배가 규정되는 생산관계에 대한 고려 없이 분배의 결과만을 다룬다는 점을 제기한다. 이는 고전적 정치경제학의 가장 큰 관심사로서, 소득과 부의 원천 그리고 분배의 정당성에 관한 문제이다. 예를 들어 데이비드 리카도David Ricardo는 노동가치론에 기반을 두고 지주 계급의 지대가 정당성 없는 착취일 뿐이라는 결론을 도출해 '반지주 친자본가' 이데올로기를 제공했다. 마르크스는 노동가치론의 논리를 더 끌고나가, 자본은 과거 노동의 결과물인 '죽은 노동'에 불과하고 결국 모든 가치의 생산은 노동에 의해서만 이루어지므로 자본가도 지주와 마찬가지로 '잉여가치'를 착취하는 계급일 뿐이라는 결론을 내린다. 이를 통해 사회주의의 정당성을 설파한 것이다.

피케티의 경우에도 '세습 자본'의 소득을 노동소득에 대비시키며 부정적인 견해를 밝히고 있지만, 자본소득과 관련해 한계생산성 이론에 바탕을 둔 주류 경제학의 생산함수를 이용하는 모순된 행보를 취한다. 주류 경제학의 생산함수 개념에는, 생산에 투여되는 자본과 노동이라는 생산요소들이 생산에 기여한 만큼 소득으로 보상받는다는 이데올로기가 깔려 있다. 피케티는 소득과 부의

현 자본주의 사회의 불평등 문제를 정면으로 공격하는 『21세기 자본』은
'피케티 신드롬'을 불러일으킬 정도로 큰 반향을 남겼다. 그러나 마르크스의 『자본』의
한계를 넘어 현대자본주의를 체계적으로 이해할 수 있는 이론을 제시할 것처럼 기대를
불러일으킨 이 책은 제목만큼 그 기대를 충족시켜주지는 않는다. 『21세기 자본』은
체계적인 '자본' 개념이 빠진 '구멍 난 자본론'이라 부를 수 있다.

상대적 차이가 역사적으로 증가한다는 사실을 실증적으로 보여주었을 뿐, 그 사회적인 원천과 동학, 다시 말해 '생산함수'에 관한 이론화 작업은 간과했다. 이런 점에서 마르크스주의 정치경제학 쪽의 문제 제기는 정당하지만, 문제는 마르크스주의 진영을 포함해 지금까지 어떤 (정치)경제학 이론도 각각이 주장하는 이데올로기적 함의를 설득력 있게 증명해 보인 적이 없다는 사실이다.

생산에 노동과 자본이 기여한다는 것은 자명한 사실로 위에 간략히 언급한 주장들에 무슨 문제가 있나 싶지만, 노동이든 자본이든 복잡한 현대 산업 생산의 다양한 투입 요소를 고려하면 문제는 달라진다. 예를 들어 자동차에는 약 2만 5천 개의 부품이 들어간다고 하는데, 여러 부품 하청 업체에서 생산된 다양한 자본재 각각의 생산성을 측정하는 것이 가능하겠는가? 더 큰 문제는 그것이 얼마의 화폐적 가치를 갖는지를 계산해서 분배의 정당성을 획득하는 일이다. 가치 생산의 원천을 노동으로 단일화하는 마르크스주의 정치경제학은 상대적으로 좀 수월할 것 같지만, 노동 또한 숙련도와 형태가 다양하다. 또한 각각의 노동이 상이한 자본재와 결합되면서 질적으로 다양한 노동으로 분화되기 때문에, 어떤 노동이 얼마의 가치를 만들어내는지 측정한다는 것은 불가능하다. 예를 들어 컴퓨터 프로그래머의 노동 1시간과 폐지 줍는 사람의 노동 1시간을 어떻게 비교하고, 각각의 노동 가치는 어떻게 측정하며, 둘 사이의 임금 차이는 어떻게 정당화할 수 있을까?

이런 문제점들은 이미 1세기 전에 소스타인 베블런Thorstein Veblen에 의해 제기되었고, 반세기 전에는 미국과 영국의 저명한 경제학자들 간에 열띤 논쟁이 이루어지기도 했다. 이를 경제학계에서는 '캠브리지 자본 논쟁'이라 부른다.[3] 결론부터 말하면, 생산함수를 이용해 자본소득의 정당성을 증명하려던 미국 쪽 경제학자들이 졌다. 생산에 투여된 자본이 기여한 만큼 자본가들이 분배 몫을 갖는다는 정당성을 가지기 위해서는, 먼저 생산함수에 들어갈 자본의 양을 측정할 수 있어야 한다. 그런데 이 단계부터 가능하질 않았다. 자본재는 나사못, 드라이버부터 컴퓨터, 자동화 기기까지 실로 다양하기 때문에, 하나의 단위로 측정해 함수에 값을 대입시킬 수 없었던 것이다. 가령, 무게, 부피 등으로 환산할 수 있지만 컴퓨터가 무게만큼 생산에 기여한다고 할 수는 없기 때문이다.

이 문제를 해결하지 못하면, 경제학에서 의미가 명확한 것

3
논쟁이 주로 영국 케임브리지 대학의 조앤 로빈슨Joan Robinson, 피에로 스라파Piero Sraffa와 미국 매사추세츠 공과 대학의 폴 새무얼슨Paul Samuelson, 로버트 솔로우Robert Solow 사이에서 펼쳐져 붙여진 이름. 이와 관련해서 헌트Hunt의 『History of Economic Thought』(2011) 참조.

처럼 쓰이는 '자본 집약적'이니 '자본 생산성'이니 하는 개념도 그 뜻이 모호해진다. 자본의 양을 측정할 수 있어야 '집약적'이든 '생산성'이든 개념이 성립하기 때문이다. 이 문제를 해결하기 위해 미국 쪽 경제학자들은 자본재의 단위를 보편적 척도인 화폐가치로 통일하려 했다. 그런데 이 해법은 더 큰 모순을 야기했다. 신고전파 이론에 따르면 어떤 자본재의 화폐적 가치는 그것이 생산에 기여해 낳는 미래 이윤을 현재 가격으로 할인한 값이다. 애초에 이 가치를 구하기 위해 자본재의 양을 계산하려 한 것인데, 자본재의 가치를 먼저 알아내 자본재의 양을 구하겠다고 말한 것이다. 피케티도 애초에 성립하지도 않는 생산함수와 자본-노동의 대체 탄력성이란 것을 가져다 '법칙화'에 사용한 것이다.

그렇다면 모든 소득과 부의 원천을 노동으로 단일화하면 이 문제가 해결될까? 마르크스주의 정치경제학에서는 '자본'을 사회적 관계로 정의한다. 다시 말해, 자본을 생산에 투여되는 자본재와 노동 그 자체로서 접근하기보다는 자본가와 노동자 사이의 계급 관계에서 규정되는 문제로 본다. 그리고 이윤 혹은 시장에서 화폐적 가치를 얻을 수 있는 '상품'생산의 무한 순환과정에서 '가치를 낳는' 노동과 '잉여노동'의 착취를 통해 쌓이는 자본을 정의한다. 이를 흔히 $M \rightarrow C \rightarrow P \rightarrow C' \rightarrow M'$(혹은 $M + \triangle M$)로 표현한다. 가령 전업주부의 가사 노동은 사회적으로 꼭 필요하지만, 이러한 상품생산 순환과정 속의 노동이 아니기 때문에 가치를 낳지는 못한다고 본다. 예전에는 가치 생산과정을 매우 좁게 정의해, 금융업은 말할 것도 없고, 유통업에서도 가치가 생산되지 않는다고 주장해 진영 내부에서 열띤 논쟁이 벌어지기도 했다.

여하튼 소득과 자본(혹은 부)의 원천, 즉 가치를 규정하는 것은 상품생산에 들어가는 '사회적 필요노동시간'이라고 정의되는 추상적 노동인데, 이것이 정확히 무엇을 의미하는지, 어떻게 측정할 수 있는지를 설명한 사람은 아직 없다. 이른바 마르크스주의 정치경제학에서 전형 문제transformation problem는 이런 한계의 결정판이다. 앞에서 설명한 것처럼 자본재의 종류에 따라 — 즉, 자본의 유기적 구성에 따라 — 노동의 성격도 변하게 되므로, 마르크스부터 이미 개별 노동시간에 따른 가치의 계산은 불가능하다고 인정했다. 그래서 사회적으로 생산된 상품의 가치 총량과 가격의 총량이 같다거나, 잉여가치 총량과 이윤 총량이 같다는 것을 증명하려고 했지만 이마저도 여의치 못했다. 이를 위해서는 이른바 보편적 가치척도가 될 만한 상품을 찾아야 하는데, 찾을 길이 없었다.[4] 생산가격으로의 가치-가격 전형 문제를 푼다고 해도, 시장가격으로의 전형을 설명해야 하는 관문이 하나 더 남는다.

  문제를 정리하면, 자본 이론의 핵심에는 산업 생산이라는 '질적인qualitative' 과정과 화폐적 가치로 표현되고 분배되는 '양적인quantitative' 과정의 연결 과제가 있다. 주류 경제학과 마르크스 정치경제학 모두 일종의 '생산함수'를 전제해 물질적 규정 요소를 찾으려고 했으나 둘 다 실패했다. 피케티는 이 어려운 난제를 건드리지 않고, 현실의 자산 가치 변화와 소득의 분배 통계를 모아 '자본주의 법칙'을 부의 세습 문제로 규정하고, 조세정책 강화를 통한 해결책을 제시하려 한 것이다. 그러나 건드리지 않는다고 해서 피해갈 수 있는 것은 아니다. 피케티는 앞에서 언급한 두 개의 법칙과 그가 모은 통계를 결합해 자본소득 비중, 자본/소득 비율, 국민소득 성장률, 자본 수익률, 자본 대체탄력성 등의 관계를 논하면서, 주류 경제학의 '생산함수'에 깔려 있는 전제들을 자연스럽게 사용하고 있다. 다시 한번 말하지만, 자본의 양, 노동의 양, 이

4
사회적 평균 유기적 구성의 자본에 의해 생산되는 상품은 '노동 집약적' 혹은 '자본 집약적' 생산에 의한 상품과는 달리 가격 변동 조건이 발생해도 가격과 가치가 일치해 변동이 없게 된다. 그래서 상대적 가격이 내려가는 상품의 가격 변화 총량과 상대적 가격이 올라가는 상품의 가격 변화 총량이 상쇄된다는 것을 역으로 증명할 수 있게 된다. 이런 방식으로 노동으로 생산된 가치 총량이 가격 총량과 일치한다는 사실이 증명된다고 본 것이다.

윤, 자본의 가치(화폐가치로 표현된 부) 간의 관계를 설득력 있게 정립한 주류 경제학 이론은 없다.

|

구멍을 메울 수 있는 권력 자본론

|

자본 이론의 핵심이 뚫려 있는 주류 경제학과 마르크스주의 정치 경제학 모두 모래 위에 거대한 성을 짓고 있는 것과 다름없다. 문제의 근원은 어디에 있을까? 조너선 닛잔Jonathan Nitzan과 심숀 비클러Simshon Bichler는 그 원인이 '물질주의적' 접근 방식에 있다고 본다(2002; 2009). 다시 말해, 상품의 가격, 노동의 가격, 이윤, 자본의 가치 등 자본주의 가치 체계를 '생산함수', 즉 투입 요소의 생산적 기여에서 직접 도출하려는 시도에 문제가 있다는 것이다. 닛잔과 비클러는 그 사이에 사회적 권력 과정이 자리잡고 있다고 주장

한다. 화폐적 가치라는 형식이 대변하는 것이 요소생산성이 아니라, 사회적 권력이라는 말이다. 사회적 관계에서 자본을 규정하려고 했던 마르크스주의 정치경제학이 나름 권력이란 문제에서 자본에 접근한 것은 맞지만, 실제 분석에서는 그 내용이 사회적 권력이 아니라 추상적 노동으로 협소화되면서, $M \rightarrow C \rightarrow P \rightarrow C'$ $\rightarrow M'$(혹은 $M + \triangle M$)로 표현되는 무한 순환의 생산과정에 갇혀버렸다. 그와 함께, 자본가 계급의 권력 언어인 '가치' 법칙을 마치 노동자 계급의 언어인 양 혼동하게 되었다. '추상적 노동시간'이란 모호한 '물질주의적' 개념에 집착하다가 상품의 가치가 '숭고한' 노동에 의해 결정되는 것처럼 착각한 것이다. 이는 마르크스가 『자본』에서 누누이 강조한 '사용가치'와 '가치'를 구별해야 한다는 주장과도 어긋난다. 노동이 만들어내는 것은 유용한 사용가치다. 가치 체계는 자본가들이 생산과정을 지배하면서, 그들의 언어인 화폐단위로 사회적 위계질서를 정하는 메커니즘이다.

이러한 마르크스주의 자본 이론의 한계를 극복하기 위해서는, 베블런이 말한 것처럼 자본주의가 산업industry과 영리 활동business이라는 본성이 다른 인간 활동의 모순적 결합으로 인해 작동

된다는 사실에서 자본 이론을 출발할 필요가 있다. 이는 마르크스가 자본주의의 근본 모순을 사회적 생산과 사적 소유의 결합이라고 규정한 것과 일맥상통한다. 산업은 지식을 바탕으로 이루어지는 사회공동체 전체의 창의적이고 기술적인 과정인 반면, 영리 활동은 이를 사적으로 전유해 이윤을 만들어내는 과정이다. 이런 관점에서 보면, 이윤의 확보와 부의 축적은 공동체의 창의적 활동에 대한 지배를 통해서만 가능하고, 그 본성은 다른 공동체 성원을 밀어내고, 자기의 배타적 영역을 확보하는 배제exclusion이다. 자본주의의 가치 법칙은 다름 아닌 이러한 배제라는 권력의 표현이다. 다시 말해, 임금과 자본소득의 비율 변화, 소득의 양극화, 자산 불평등의 심화 등등 금전적 가치로 표현되는 자본주의의 모든 지표들은 '생산함수'가 아닌 '권력함수'의 결과물들이다.

현대자본주의는 점점 더 이윤이 '권력함수'에 의해 결정된다는 사실을 노골적으로 드러내고 있다. '공장 없는 기업'을 의미하는 이른바 '나이키화Nikification'는 이윤이 생산과는 별 관련이 없음을 잘 보여준다. 나이키 본사는 '브랜드 파워'라는 가격 결정력을 가지고 세계적 차원의 공동체적 생산에 대해 — 베블런이 말한 — "이윤 청구권"을 행사하고 있을 뿐이다. 애플의 아이폰도 마찬가지다. 아이폰은 일본, 독일, 한국 등 세계 곳곳에서 생산된 부품들을 팍스콘이란 타이완 기업의 중국 공장에서 조립되어 전 세계로 수출된다. 애플 본사는 '생산적' 기여는 거의 하지 않고, 생산가격의 두 배가 되는 영업 이윤을 부과한다. 한국에서 재벌 대기업들이 하청 중소기업, 자영업, 정규직 노동자, 비정규직 노동자와 맺고 있는 이른바 '갑을 관계'도 자본소득과 노동소득, 자산 가치 변화 모두 사회 세력의 역관계에 의해 결정된다는 사실을 드러내고 있다.

피케티가 주장하듯이 사회적 불평등은 자본주의 질서에 내재되어 있다. 하지만 그가 주목한 평균 자본수익률 r이 평균 국민소득 증가율 g보다 항상 높다는 사실 때문이 아니라, 권력의 차등화 때문이다. 그는 마치 평균 자본수익률이 세습 자본이 소유한 부의 증가를 대변하고, 평균 국민소득 증가율이 능력과 노력의 대가를 대변하는 지표인 것처럼 사용하며 '법칙화'를 시도하지만, 이는 자신의 통계분석에서 상위 10퍼센트, 1퍼센트, 0.1퍼센트로 세분화해서 자산과 소득의 집중되는 현상을 보여준 방식과 어긋나는 것이다. 불평등은 자산과 소득의 평균값 사이의 문제가 아니라,

각각 그 안에서 일어나는 분화 혹은 차등화의 문제이기 때문이다. 가령, 상위 10퍼센트의 자산 증가율이나 소득 증가율이 여타 그룹보다 높으면 그만이다. 심지어 높지 않아도 자산 크기나 소득수준의 격차는 확대될 수 있다. 100억 자산가의 자산 증가율이 5퍼센트이고, 10억 자산가는 10퍼센트의 자산 증가율을 지속적으로 기록한다고 가정하면, 전자는 매년 5억씩 자산이 늘어나고, 후자는 1억씩 늘어난다. 역사적으로 r 〉 g를 충족하든 안 하든, 둘 간의 관계가 사회적 불평등 심화와 관련해 의미 없는 비교임을 알 수 있다. 극단적인 하나의 예로, 최근 미국의 최상위 소득계층에 중요한 구성 요소인 — 피케티도 강조한 — '슈퍼 경영자'의 소득 증가율과 워렌 버핏의 자본 수익률을 비교하는 게 불평등 심화 현상의 인과율을 설명하는 것과 무슨 상관이 있겠는가.

피케티의 한계는 자본의 권력적 동학을 제대로 파악하지 않고, 불평등 통계를 법칙화 하려고 시도한 데 기인한다. 이와 관련해 닛잔과 비클러가 제시하는 차등적 축적 분석differential accumulation을 주목할 필요가 있다. 주류 경제학과 마르크스주의 정치경제학 모두 국민경제 차원에서의 총량적in aggregate 분석이나 평균의 분석에 치중한다. 이는 자본주의의 기본 원리인 경쟁을 감추거나 간과하고 있는 것이다. 자본의 영리 활동은 평균으로의 수렴이 아니라, 경쟁을 통해 평균을 깨고 높이 올라가는 것을 추구한다. 이 과정의 핵심은 위에서 언급한 것처럼 '배제'라는 권력적 활동이다. 남은 못하게 하고 나만의 독점적 영역을 차지한다든가, 비용은 노동자들이나 하청기업, 나아가 사회에 넘기고, 수익은 사유화하는 힘이다. 따라서 권력 다툼이라는 원리에 기초해 소득과 자산의 변화 양태를 분석하는 틀을 만들어낼 때만이 자본주의의 본질적 특성을 제대로 드러낼 수 있다. 닛잔과 비클러는 이러한 인식 속에서 차등적 축적 분석을 제시하는데, 간략히 요약하면, 지배 자본 dominant capital이라는 자본의 핵심과 국가의 동맹체를 중심으로, 이 집단이 사회적 평균보다 얼마나 빨리 이윤과 자산을 축적해나가는가를 파악하는 분석 방식이다. 우리나라의 재벌 집단을 생각하면 쉽게 이해가 갈 것이다. 총수 일가로 불리는 창업자 가족인 재벌과 더불어 외국 자본, 정치가, 관료 등 지배계급의 핵심 세력이 사회적 생산과 재생산 과정을 통제하고 그 결실을 사유화하는 권력 기구의 역할을 하고 있다. 따라서 재벌 기업의 이윤과 자산 가치가 사회적 평균보다 얼마나 빨리 상승하는지를 파악한다면, 이들 집단이 사회에 미치는 권력의 힘이 그만큼 커지고 있다는 사실을 보여주는 지표로써 사용될 수 있다.

　피케티가 했듯이, 상위 계층을 10퍼센트로 잡든, 1퍼센트 혹은 0.1퍼센트로 잡든, 전 세계적으로 확인되는 부와 소득의 집중 현상은 모두 각 사회의 핵심에 자리잡고 있는 지배 자본을 매개로 해서 일어나고 있다. 피케티가 확인한 불평등 심화는 결국 지배 자본을 중심으로 사회를 통제하는 지배 블록의 힘이 여타 사회 세력에 비해 더 강해졌다는 것을 반영한 것이다. 피케티의 역사적 통계분석이 주류 경제학의 '생산함수'의 자본 이론과 결합되어 해석되지 않고 지금까지 설명한 '권력함수'의 자본 이론과 결합되었다면, 불평등 심화를 자본주의의 내재적 법칙으로 이론화하려던 피케티의 시도가 명실상부 '21세기 자본론'의 의의를 가질 수 있었을 것이다.

참고 문헌

— 김공회 외,『왜 우리는 더 불평등해지는가』, 바다출판사, 2014.

— 토마 피케티, 장경덕 외 옮김,『21세기 자본』, 글항아리, 2014.

— Debraj Ray, "Nit-Piketty: A comment on Thomas Piketty's Capital in the Twenty First Century", 2014년 5월 23일, 뉴욕대 경제학부 저자 홈페이지 에서 다운로드(http://www.econ.nyu.edu/user/debraj/Papers/Piketty.pdf).

— E. K. Hunt, *History of Economic Thought: A Critical Perspective*, Armonk, New York: M. E. Sharpe, 2011.

— Jonathan Nitzan & Shimshon Bichler, *Capital as Power: A Study of Order and Creorder*, NY: Routledge, 2009.

— Jonathan Nitzan & Shimshon Bichler, *The Global Political Economy of Israel*, London, Sterling, Virginia: Pluto Press, 2002.

|
박형준
|

서울대학교 토목공학과를 졸업하고, 영국의 서섹스Sussex 대학 Social and
Political Thought 협동 과정에서 석사 학위를 받았으며, 캐나다 토론토의
요크York 대학 정치학과에서 국제정치경제학 분야 박사 학위를 받았다.
현재 글로벌정치경제연구소에서 연구위원으로 재직하고 있다.
저서로는『재벌, 한국을 지배하는 초국적 자본』(2013)이 있고,
역서로는『경제 성장과 사회보장 사이에서』(2014)
『GDP는 틀렸다–'국민총행복'을 높이는 새로운 지수를 찾아서』(2011)
『스티글리츠 보고서–세계경제의 대안을 말하다』(2010)
『불경한 삼위일체–IMF, 세계은행, WTO는 세계를 어떻게
망쳐왔나』(공역, 2007)가 있다. hyengjpark@gmail.com

69

천공穿孔의 상상력과 '영화-구멍'

손희정

얼마 전 한 사람이 세상을 떠났다. 그는 "고맙습니다. 국밥이나 한 그릇 하시죠. 개의치 마시고"라는 말과 함께 10여만 원의 돈을 남겨놓았다. 공사 현장에서 근근이 생계를 유지하던 와중에 살던 전셋집에서 쫓겨나게 되면서 그 처지를 비관하여 세상을 떠나게 된 것이라고들 추측한다. 누군가는 자신의 시신을 치울 사람들을 위해 밥값을 준비하는 마음을 가진 사람이 가난으로 목숨을 끊어야 하는 시대를 살고 있다는 것에 대해 우리는 세기말적 공포를 느껴야 할 것이라고 말하기도 했다. '세기말적 공포.' 이는 어쩌면 이해하기 힘든 죽음들, 받아들일 수 없는 죽음들 그러나 설명해내지 않으면 안 되는 죽음들과 일상적으로 대면하고 있는 지금/여기를 사로잡은 정동에 대한 가장 적절한 묘사일지도 모르겠다. IMF를 전후하여 시작된 재난의 스펙터클은 세기말이 훌쩍 지난 지금도 그 불안과 공포의 그림자를 지속시키고 있다. 이런 세기말적 공포 안에서 과연 영화는 무엇을 할 수 있을까?

나는 평생 영화에 몰두해온 영화애자cinephile이자 짧지 않은 시간 영화를 공부해온 영화학도로서 영화가 근대의 형성에 어떻게(의식적 무의식적으로) 공모해왔는지 되짚어보고, 그 한계를 극복하기 위한 영화의 또다른 존재론으로 '영화-구멍'을 제안하기 위해서 이 글을 쓰고 있다. 영화-예술, 영화-작품, 영화-세계의 창, 영화-혁명, 영화-상품, 영화-장치, 영화-간격 등 영화의 존재론을 규정하기 위한 시도들은 계속되어 왔다. 이 글은 그런 시도들에 견줄 만큼 새롭거나 야심찬 기획은 아니다. 그저 내밀하게 사랑해온 것을 경유하여 이 사회가 강요하는 고통에 접속해보려는 아주 개인적인 시도에 가깝다. 특히나 그 고통은 지배 체제가 스스로의 보존을 위해 어떤 소멸(을 강요 당하는 것)들을 보이지 않게 내버려둠으로써 영속되는 것'이기도 하기에 '보이는 것'의 예술인 영화와 밀접하게 관계되어 있다. 나는 이 글에서 그 '보이는 것'들과 '보이지 않는 것'들이 영화와 맺어온 관계에 대해서 생각할 것이다.

I
세월호 사건은 이 세계에서 소멸되도록 내버려지는
존재에 대해서 생각하게 한다. 어떤 생명들은 국가의
(의도된) 무능과 자본의 (의도된) 몰도덕성 안에서
사라지도록 방치되었다. 그러나 소멸되는 것은 생명
그 자체만은 아니다. 생명의 소멸로 야기된 죽음조차도
충분히 주목되거나 설명되지 않은 채 다시 또
사라지도록 방기된다.

|

필름 구멍과 천공天孔 의 상상력

|

'영화-구멍'은 두 가지 차원에서 구상되었다. 첫째는 물리적으로 영화가 구멍들에 의존하고 구멍들로 이루어진 매체라는 점이다. 영화는 그야말로 '구멍의 매체'다. 세계라는 빛을 필름 위에 감광시켜 영화를 '세계의 창'으로 만들어주었던 카메라의 구멍, 영화가 움직임을 담아낼 수 있게 했던 필름 구멍, 집단 관람이라는 영화 문화를 존재하게 한 영사기의 구멍, 영화를 지탱해온 기본적인 욕망이라고 분석되곤 했던 관음증에 대한 은유인 피핑 톰Peeping Tom의 핍홀peephole. 혹은 성스러운 고디바의 나체조차 성애화시켜버리는, 스크린을 채워온 그 '음란'한 구멍들에 이르기까지.[2] 영화는 온통 구멍으로 가득 차 있다. 아마도 각각의 구멍에 대해서 논하게 된다면 우리는 "영화란 무엇인가?"에 대한 고전적인 이론서를 한

2
잘 알려져 있는 이야기지만, 영화의 관음증을 의미하는
'피핑톰'의 유래는 멀리 11세기 영국으로
거슬러올라간다. 영국 런던 북서쪽 코벤트리에서
악독하기 짝이 없는 영주가 세금을 너무 과중하게
부과하여 민중들의 고통이 날로 커져가자, 이를
보다못한 영주의 부인 고디바가 영주에게 선처를
호소했다. 그러자 영주는 고디바에게 알몸으로 성 안을
돌면 세금을 낮추어주겠노라 약속하고, 고디바는
알몸으로 말 위에 오른다. 그리고 민중들은 그를
존중하는 마음으로 그 누구도 문 밖으로 나오거나 문
밖을 쳐다보지 않았다. 단 한 사람, 재단사 톰만은
호기심을 누르지 못한 채 그의 알몸을 훔쳐보았고,
종국엔 눈이 멀고 말았다고 한다. 이후로 재단사 톰은
피핑톰, 즉 관음증에 대한 은유로 언급되어왔다.

권 완성할 수 있을지도 모르겠다. 그러나 이 중에서 하나의 구멍에 집중함으로써 '영화-구멍'의 두번째 차원, 즉 조금 더 은유적이지만 정치적인 차원으로 넘어가보려고 한다.

그 물리적 차원에서 다루고자 하는 구멍은 바로 '필름 구멍'이다. 필름 구멍이란 "카메라나 영사기 등의 스프로켓 바퀴의 톱니에 맞물려 움직이도록 필름의 양쪽 끝에 규칙적인 간격으로 뚫은 구멍"을 말한다.

후지가 영화필름 생산을 중단하고 코닥이 도산하는 포스트 필름 시대에 '필름 구멍'에 주목해보자고 말하는 것은 물론 무모하고 또 과감한 제안일 수 있다. 그러나 당대 영화가 무엇이 되었건 간에 이 필름 구멍이 발명되면서 인간은 세계의 움직임과 시간의 흐름을 담아낼 수 있을 정도로 빠르게 필름 프레임을 넘길 수 있게 되었으며, 그런 의미에서 영화의 전사前史를 필름 구멍을 통

해 논할 수 있을 정도로 필름 구멍은 핵심적이다. 그리고 이와 같은 영화적 작동 메커니즘은 필름을 사용하지 않는 디지털 영화 제작에서도 움직임을 구현하는 알고리즘의 원형적 모델로서 계속해서 살아 있을 것이다.

물론 영화를 특징 짓는 기술적 계보를 어떻게 추적할 것인가가 복잡한 문제이기 때문에 영화의 전사를 논하는 것 역시 간단하지 않다. 영화는 18세기에서 19세기에 이르는 발명의 시대의 총체성 안에서 등장했다. 그럼에도 불구하고 영화의 사진적 이미지는 오랫동안 영화의 전사로 주목받아 왔다. 아방가르드 작가이자 이론가인 홀리스 프램프턴Hollis Frampton은 이런 영화적 상식에 도전하면서 영화의 역사를 새롭게 구성하고자 했다.[3] 그에 따르면 영화의 출현은 몇 가지 서로 관계없어 보이는 사건들에 동시적으로 연결되어 있었다. 이런 관점에서 보면 '사진술의 발명-활동사진의 등장-영화의 등장'으로 설명되었던 단선적이고 인과론적인 영화사는 임의적인 재현일 뿐이다. 그보다는 우연한 사건들이 우연한 계기에 절합되어, 또다시 우연한 사건으로서의 영화가 가능해졌던 것이다. 이는 기존의 영화사 이해와는 다른 입장이었으며, 프

3
Hollis Frampton, "For a Metahistory of Film:
Commonplace Notes and Hypotheses," Circles of Confusion:
Film, Photography, Video Texts 1968-1980, Rochester: Visual
Studies Workshop Press, 1983.

램프턴은 이렇게 견고하게 사실로 여겨지는 것들을 비틂으로써 '세계 영화사'라는 거대 서사에 질문을 던지고 이를 전복하는 메타히스토리metahistory를 쓰고자 했다.

메타히스토리의 구성을 위해 그가 언급했던 사건들은 다음 세 가지였다. 제논의 역설로부터 시작되는, 하나의 단위는 더 작은 단위들로 나누어질 수 있다는 무한소 개념의 발견, 그림 그리는 법을 배우지 못한 윌리엄 헨리 폭스 탤벗William Henry Fox Talbotr과 조제프 니세포르 니엡스Joseph Nicéphore Niépce의 사진술 발명 그리고 잔상 효과의 발견이 불러온 광학 장난감의 발명.

여기서 잔상 효과란 "일련의 정지 영상을 고속으로 움직일 때 하나의 움직이는 영상으로 간주하는 능력"으로 "다른 조각(그림)이 나타날 때까지 망막에 각각의 자국이 남아 있으므로 해서 영상의 겹침이 일어나는" 현상이다. 어렸을 때 만들어서 가지고 놀던 장난감을 하나 떠올려보자. 종이를 동그랗게 오려서 앞면에는 새를, 뒷면에는 새장을 그려넣는다. 그 종이에 나무젓가락을 붙인 뒤 두 손 사이에 젓가락을 끼고 손바닥을 비비면, 우리는 새장 속에 새가 들어 있는 것을 볼 수 있다. 이 '새장 속의 새'가 바로 잔

아방가르드 작가이자 이론가인 홀리스 프램프턴에 따르면 영화의 출현은 몇 가지
서로 관계없어 보이는 사건들에 동시적으로 연결되어 있었다. 제논의 역설로부터
시작되는, 하나의 단위는 더 작은 단위들로 나누어질 수 있다는 무한소 개념의 발견,
그림 그리는 법을 배우지 못한 윌리엄 헨리 폭스 탤벗과 조제프 니세포르 니엡스의 사진술
발명 그리고 잔상 효과의 발견이 불러온 광학 장난감의 발명이 그것이다.

상 효과를 이용한 광학 장난감 중 하나다. 새의 잔상이 남아 새장의 이미지와 겹쳐지기 때문에 가능한 놀이인 것이다. 이런 원리에 기초하여 1초에 16장 이상의 정사진을 넘김으로써 인간은 멈춰 있는 사진들을 '움직임'으로 감각하게 된다.

프램프턴에 따르면 이 세 가지 사건 중에서 가장 부수적인 것은 바로 사진술의 발명이었다. 잔상 효과의 발견이 움직임을 무한히 쪼갤 수 있다는 무한소 개념과 연결되면서 조도로프, 쥬프락시스코프와 같은 광학 장난감들이 등장할 수 있었고, 이것이 후에 영화로 발전하게 되는 '동영상'의 탄생이었던 것이다. 이 동영상은 광학 장난감이 등장한 지 60년이나 지난 후인 1878년이 되어서야 완전히 별개의 매체로 독자적인 진화 과정을 겪고 있었던 사진과 만나게 된다. 사진작가 에드워드 머이브리지Eadweard Muybridge가 달리는 말을 촬영하기 위해 '연속사진'을 개발하게 된 것이다. 그리고 머이브리지의 발명품은 인간의 몸짓과 움직임을 연구하려는 근대적인 욕망과 필요 안에서 고심하던 많은 사람들에게 영감을 주게 된다.[4]

프램프턴이 주목했던 별개의 세 사건이 만나 우리가 알고

4
조르조 아감벤은 근대인의 움직임 및 몸짓에 대한 관심과 영화 매체 등장 사이의 관계를 이해할 수 있는 흥미로운 관점을 제시한다. 아감벤에 따르면 19세기 말경 자신의 몸짓을 결정적으로 잃어버린 서구 부르주아지의 불안이 영화라는 매체로 연결되고 있다. "자신의 몸짓을 잃어버린 사회는 잃어버린 것을 영화에서 되찾고자 하며, 동시에 영화에 그 상실을 기록하고자 한다"는 것이다. 자세한 내용은 조르조 아감벤, 김상운 · 양창렬 옮김, 「몸짓에 관한 노트」, 『목적 없는 수단』, 난장, 2009 참고.

우리가 알고 있는 방식의 영화가 등장하게 되는 그 지점에 바로 '필름 구멍'이 있었다.

광학 장난감의 움직임과 사진적 이미지의 만남은 세계라는 빛과 움직임을 1초에

18장의(현대에는 보편적으로 24장의) 프레임으로 쪼개서 빠르게 포착하고 빠르게

상영할 수 있는 영화의 물리적 구조가 등장했을 때에야 비로소 실현될 수 있었다.

이를 가능하게 했던 것이 유연한 필름에 구멍을 뚫는다는 생각, 바로 '천공의 상상력'이었다.

있는 방식의 영화가 등장하게 되는 그 지점에 바로 '필름 구멍'이 있었다. 광학 장난감의 움직임과 사진적 이미지의 만남은 세계라는 빛과 움직임을 1초에 18장의(현대에는 보편적으로 24장의) 프레임으로 쪼개서 빠르게 포착하고 빠르게 상영할 수 있는 영화의 물리적 구조가 등장했을 때에야 비로소 실현될 수 있었다. 이를 가능하게 했던 것이 유연한 필름에 구멍을 뚫는다는 생각, 바로 '천공의 상상력'이었다. 그리고 질 들뢰즈Gilles Deleuze가 주목했던 것처럼, 바로 이 '천공의 상상력'이 이미지의 등간격성 역시 가능하게 했다. 영화란 무엇보다 "특정한 순간에 의거해서, 다시 말해 연속성의 인상을 부여하기 위해 선택한 등간격의 순간들에 의거해서 운동을 재생산하는 체계"인 것이다.[5]

이런 운동과 시간 흐름의 포착이야말로 근대인이 세계를 지각하고 감각하며 사유하는 방식에 근본적으로 영향을 미쳐왔다. 영화는 세계를 반영하는 지표성 때문이 아니라 운동이라는 환영적 특성 때문에 무엇보다도 근대적인 매체로서 그 역할을 수행할 수 있었다. 그리고 이 근대적 매체로서의 역할에 질문을 던지는 것이 '영화-구멍'의 두번째 차원으로 다가가기 위한 다음 단계다.

5
질 들뢰즈, 유진상 옮김, 『시네마 I: 운동-이미지』, 시각과 언어, 2002, 16쪽. 영화의 매체성 자체가 내재하고 있는 '억압의 본성'에 대해서 말하는 이 글이 '간격의 가능성'을 말하는 들뢰즈의 작업을 인용하는 것은 어쩌면 이율배반처럼 보일 수도 있겠다. 그러나 이 글은 들뢰즈 작업에 대한 도전이라기보다는 영화라는 '가능성의 매체'가 발휘하는 다양한 효과 중 하나에 주목해보는 작업이다. 들뢰즈에 대한 도전은 이 글의 역량의 범위 내에 있지 않다.

|

근대적 역사 인식을 근대인의
감각중추로 가져온, 영화

|

가장 근대적 매체로서의 영화. 이는 단순히 영화가 근대사회의 가장 거대한 (엔터테인먼트) 산업이자 이데올로기를 재현하고 전달하는 장치로서 강력한 영향력을 행사하는 매체라는 사실만을 의미하는 것은 아니다. 그보다는 영화가 작동하는 메커니즘이라는 매체의 성격 자체가 근대라고 규정된 세계를 살아가는 사람들의 인지구조에 개입하고, 그 인식론과 삶의 양식을 결정하는 데 핵심적인 역할을 해왔다는 의미에 가깝다.

   조나단 벨러Jonathan Beller가 설명하고 있는 것처럼 "초기 영화적 편집은 포드주의적 조립라인의 논리를 감각충추로 확장시켰고, 산업혁명을 우리의 눈으로 가져왔다. (중략) 영화는 마르크스가 '감각 노동'이라고 말했던 인간의 감각 활동을 상품생산의 맥락 안에서 셀룰로이드에 용접해 붙였다. 공장에서 직접 볼트를 조

이는 대신에, 우리는 한 이미지를 다음 이미지에 (그리고 자신이 생산한 상품 속으로 사라져버렸던 노동자들처럼, 우리는 우리 자신을 이미지에) 붙여 넣었다." 영화는

> 조립라인의 형식적 요소들을 취해서 의식consciousness으로 삼았다. 이런 전유는 언어 기능에 거대한 전환을 불러왔다. 뿐만 아니라 영화라는 산업적 관계의 전환은 정치 경제적 조직의 일반적인 전환을 의미하는 것이었다. 그리고 이 변화는 단 하나의 기술 때문에 일어난 것은 아니다. 영화의 발전은 깊은 구조적 전환을 전조하는 것이었고, 복잡하고 다양한 세상에 둥지를 튼 것이었다.[6]

말하자면 영화라는 대중매체는 서사와 이미지뿐만 아니라 동영상의 작동이라는 그 물리적 구조까지 포함하는 총체적인 차원에서 노동력 재생산에 개입해온 것이다.[7] 벨러의 작업은 영화의 매체성 자체가 영화의 세기에 근대적 주체의 성격 형성 혹은 조정에 어떤 영향을 미쳐왔는가를 가늠해볼 수 있도록 한다.

6

Jonathan Beller, *The Cinematic Mode of Production: Attention Economy and the Society of the Spectacle*, University Press of New England, 2006, pp.9~10.

7

벨러는 여기에서 더 나아가 포드주의적 생산양식에서 포스트-포드주의적 생산양식으로의 전환은 생산, 유통, 노동 주체 재생산이라는 모든 층위에서 '영화적 생산양식'으로의 전환이었다는 것을 밝히고 있다. 그렇다면 사실 영화라는 것은 근대적 주체뿐만 아니라 탈근대적 주체 형성에도 직접적인 영향을 미쳐온 셈이다.

그런데 여기에서 한 가지 더 고려해야 할 것이 있다. 로버트 스탬Robert Stam이 강조하고 있는 것처럼 영화라는 매체의 확산은 근본적으로 제국주의적 식민화와 그것을 지지했던 내셔널리즘 및 식민주의의 확산과 관계되어 있었다는 점이다. 스탬이 이것을 말했을 때에는 지리학, 역사학, 인류학, 고고학, 철학과 같은 '담론 연속체'의 일부로서 영화가 견지해온 제국주의적 이데올로기의 재현을 의미하는 것이었다.[8] 말하자면 어떻게 영화가 서사와 이미지의 재현을 통해 제국주의적 침략을 옹호하고 있었는가의 문제라는 것이다. 예를 들어 서사 영화의 시작이자 세계 최초의 SF 영화로 영화사에 길이 남아 있는 조르주 멜리에스Georges Méliès의 〈달세계 여행〉(1902)은 백인 남성 과학자들이 달세계의 원주민을 정복하는 과정을 그리고 있다. 그리고 이는 21세기에도 여전히 제작되고 있는 할리우드 팍스 아메리카나 작품들과 크게 다르지 않은 상상력이다.[9] 하지만 벨러와 스탬의 주장을 교차편집하면서 떠오르는 어떤 질문은 이와는 조금 다른 문제에 주목하게 한다. 그

[8]
로버트 스탬, 김병철 옮김, 『영화이론』, K-BOOKS, 2012, 33~36쪽.

[9]
그런 의미에서 멜리에스의 〈달세계 여행〉과 제임스 카메론의 〈아바타〉(2009)를 비교해보는 것은 흥미로울 것이다. 구체적인 상상력에서는 차이가 나지만, 두 작품 다 서구의 과학기술이 어떻게 새로운 식민지를 개발할 수 있는가를 보여주고, 시대적 감수성에 따라 그 과정에 '설득력'을 부여하고 있기 때문이다. 또한 〈달세계 여행〉이 20세기를 사로잡은 새로운 환영성을 선보이면서 근대인을 사로잡았다면, 〈아바타〉 역시 21세기형 3D 영화라는 완전히 새로운 영화적 환영성을 바탕으로 세계인을 사로잡았다.

84

것은 영화의 매체성 자체가 서구의 제국주의적 침략의 역사를, 즉 조금 더 '아름다운 언어'로 포장하자면 '세계의 근대화'의 과정과 그 정당성을 어떻게 근대인의 의식과 감각 세계로 가져오는 데 기여했는가이다.

세계가 근대화되었다고 하는 것은 무엇보다 세계가 자본주의화되었다는 것을 말한다. 그런 의미에서 벨러가 서술하고 있는 바 그대로가 이미 영화가 세계의 근대화에서 수행한 역할을 보여주고 있다. 그러나 또 한편으로 세계가 근대화되었다는 것은 인류의 역사는 진보한다는 근대적(이고 서구 중심적인) 역사관 안에서 '보편적 세계사'를 말할 수 있게 되었다는 것 그리고 세계가 그 '보편적 세계사' 안으로 포착되어 들어가게 되었다는 것을 의미하기도 한다. 그 '보편적 세계사'라는 것은 우리가 잘 알고 있는 것처럼 폭력적이거나 전일적이라고 할 만한 배제와 포함의 동학 속에서 단순화의 과정을 거쳐 구성된다. 주목받아야 할 사건과 그렇지 않은 사건들의 위계는 명확하며, 역사의 발전 단계는 서구의 정치경제 체제의 변화에 따라 정리되거나 서구의 정치철학이 의미를 부여했던, 예컨대 자유와 같은, 특정한 가치를 위한 투쟁의 역사로 그려진다. 그런 과정 안에서 세계사는 백인 이성애자 비장애인 남성의 역사로 구성되어온 것이다. 그것은 곧, 다양한 인종과 다양한 섹슈얼리티, 다양한 신체와 다양한 성별 그리고 다양한 생명과 다양한 가치의 '이야기' 혹은 '비非이야기'는 역사의 매끄러운 표면이 숨기고 있는 거대한 간극과 깊은 심연 속으로 가라앉았다는 것을 의미한다. 거대 서사의 죽음과 역사의 죽음 그리고 인간의 죽음을 이야기했던 포스트모더니즘의 지반地盤을 잰걸음으로 지나쳐 오면서도, 우리는 여전히 "보이는 것이 권력"인 시대, 그렇기 때문에 어떤 종류로든 권력을 가진 자만이 '보이는' 시대를 살아간다.

하지만 근대적 역사관이 가르쳐준 것과 달리 역사는 진보하지 않는다. 존 그레이John Gray가 말한 것처럼 인간의 지식은 축적될 수 있지만 지혜는 축적되지 않기 때문이다.[10] 인간은 과거로부터 정보와 지식 이외에는 배우지 못하며, 그렇기 때문에 역사는, 특히 폭력의 역사는 두 번이 아니라 끊임없이 반복된다. 그렇다면 그것은 오히려 '역사'가 아니라 그저 거대한 사건들의 뭉치로서 존재할 뿐이다. 하지만 우연하게 벌어지는 사건들의 뭉치는 자본과 스테

[10]
존 그레이, 김승진 옮김, 『동물들의 침묵』, 이후, 2014.

이트, 네이션이 착종되면서 등장하게 된 근대국가[II]의 세계 식민화라는 아주 우연적인 필요 안에서 마치 네모난 프레임들의 연속적인 집합인 필름과도 같이 매끈하고 단선적이며 납작하게 '세계사'라는 이름으로 정리되었다. 그 '공간화된 시간' 속에서 사건들의 뭉치는 거대한 구멍으로서 존재할 뿐이다. 이렇듯 사건들의 뭉치를 보이지 않게 만듦으로써, 역사는 운명으로 탈바꿈된다.

우연을 필연으로 만드는 역사 인식의 생성을 설명하기 위해서 셀룰로이드 필름의 은유를 사용한 것은 인류 역사의 진보를 말하는 단선적인 역사 인식이 인과관계가 분명한 고전적 서사 영화들이 선보이는 완결된 서사 구조와 놀라울 정도로 닮아 있기 때문이다. 또한 이와 같은 '보편적 세계사'는 무엇인가 절대로 보이지 않는 것, 보일 수 없는 것을 역사의 흐름 안으로 탈각시킴으로 스스로 가시적인 것으로서 떠오를 수 있다는 점에서, 1초의 24장의 정사진과 그 정사진들 사이를 채우고 있는 틈새를 끌어안고서 '서사를 보이게 하는' 영화와 그 작동 방식이 유사하다.

영화를 구성하는 한 장의 정사진은 그것이 움직임으로 인식되기 위해서 다음 정사진으로의 '목숨을 건 도약'을 해야 한다.

II
근대국가의 구조인 자본=네이션=스테이트가 어떻게 출현하게 되었는가에 대해서는 가라타니 고진, 조영일 옮김, 『네이션과 미학』, 도서출판b, 2009 참고.

그 도약은 '필름 구멍'의 존재로서만 가능한 것이다. 선별된 정사진이 목숨을 건 도약에 실패하여 프레임과 프레임 사이의 간극이 관객의 눈앞에 드러나게 되면 우리는 그것을 상영 시스템의 '오작동'으로 인식할 것이다. 영화는 가능한 한 오작동을 일으키지 않은 상태로 완결된 서사를 관객들에게 전달해야 한다. 그렇게 운동으로의 도약에 실패한 죽음인 간극은 영화 안에서 억압된다. 이처럼 완결된 서사란 눈에 보이지 않는 수없이 많은 간극들을 딛고서, 근대인의 눈앞에 펼쳐지는 것이다. 다시 한번 스탬을 인용하자면, "영화의 시작은 우연히도 제국주의가 정점에 달한 그 순간과 정확하게 일치한다."[12] 그리고 그 영화는 제국주의 국가의 물류 이동 경로를 따라 제3세계로 전파되었다. 그 매혹의 '활동사진'은 서사와 매체성의 차원에서 세계인들에게 서구적 시간성과 역사관을 전달했다.

보이지 않는 것을 통해서야 비로소 보이는 것들이 구성되는 메커니즘. 근대인의 정체성을 가능하게 하는 역사 인식은 많은 것들을 '보이지 않고 사라지게 내버려둠으로써' 계속된다. 그리고 이

[12] 로버트 스탬, 김병철 옮김, 『영화이론』, K-BOOKS, 2012, 33쪽.

미 세계의 이미지화와 함께 세계 그 자체가 되어버린 시각문화는 이와 같은 메커니즘을 자연화시킨다. 이렇게 영화는 근대적 역사 인식을 근대인의 감각중추로 가져왔다.

앞에서 언급한 것처럼 거대 서사를 향한 포스트모더니즘의 위대한 도전을 지나온 지금에도 우리가 역사를 인식하는 방식은 여전히 근대적이다.[13] 앙리 베르그송Henri Bergson은 우리가 운동을 부동적인 단면들로 분절하고 공간화하여 파악하는 것에 대해서 "우리의 일상적 인식의 작동 방식은 영화적 본성을 가진다"고 설명했다.[14] 우리는 이를 "우리의 역사 인식은 영화적 본성을 가진다"는 말로 재전유할 수 있을 것이다. 그리고 베르그송이 매우 오래되고 또 근원적인 것처럼 느껴지는 '인간적인 환영'에 영화라는 근대적인 이름을 붙인 것과 마찬가지로, '역사'라는 욕망이 얼마나 오래된 것인지와는 무관하게 그것 역시 '영화'라는 이름을 부여받을 수 있을 것이다.

[13]
'거대 서사'의 죽음이 선언된 이후 '주류 상업 영화'에서조차 〈퍼니 게임〉(미카엘 하네케, 1997)이나 〈메멘토〉(크리스토퍼 놀란, 2000) 등의 작업들이 보여주었던 방식으로 새로운 서사성과 시간성을 추구하는 작품들이 등장하고 있다. 그러나 이런 '새로운 도전'들이 과연 진보주의와 발전주의라는 우리 세계의 역사관에 근본적인 전환을 가져왔는가? 누구도 이에 대해 긍정적인 답을 내리기는 힘들 것이다.

[14]
앙리 베르그송, 황수영 옮김, 『창조적 진화』, 아카넷, 2005, 452쪽.

|

영화-구멍과 영화 〈구멍〉(1998)

|

물론 영화에 내재되어 있는 이 간극을 사유의 간극으로 재조직하려는 영화적이고 예술적이며 철학적인 시도는 끊임없이 계속되어 왔다. 그리고 심연에 가라앉은 것들 역시 계속해서 추락하거나 부유하는 상태로만 머물러 있지도 않았다. 그(것)들은 여러 계기들을 타고 간극들 사이로 튀어올랐다. 귀신이나 괴물, 목소리 없는 것들, 얼굴 없는 것들, 혹은 도저히 언어화할 수 없는 어떤 정념들. 그런 것들은 매끄러운 필름을 뚫고 혹은 셀 수 없이 수많은 픽셀들의 틈새를 뚫고 표면 위로 올라와 영화-간극을 가능하게 했다.

　　최근 한국에서 만날 수 있었던 박찬경의 〈만신〉(2013) 역시 그런 시도 중 하나였다. 영화는 한국의 근대사 안에서 무엇이 보이지 않는 것으로서 역사의 간극 속에 잠겨 있었는가에 집중한다. 역사의 간극에 잠겨 있던 것은 영화의 간극, 혹은 영화적인 것the cinematic이라고 할 수 있는 영상문화의 간극 속에서도 잠겨 있었던 것들이다. 영화가 그 심연에서 건져내는 것은 근대적 합리성에서 배제되어야 했던 귀신의 세계이자 영매의 세계였다. 그것이 '만신 김금화'의 이야기였던 것이다.

〈만신〉은 살아 있는 남성의 역사로 쓰였던 한국 근대사 속으로 여성과 귀신의 이야기를 기입해 넣음으로써 간극을 메꾸는 작업을 시도한다. 보이지 않는 것을 보이게 만들려는 시도였던 셈이다. 그러나 〈만신〉은 거기에서 멈추지 않는다. 이와 동시에 단선적이고 공간적으로 배열되어 있는 그 역사 자체에 대해 적극적으로 질문을 던지는 것이다. 영화는 쇠걸립[15] 시퀀스에서 네 명의 김금화가 한 공간에서 섞여 들어가는 것을 통해, 단선적으로 펼쳐져 있던 역사의 필름을 거대한 사건들의 뭉치로 뭉쳐버린다. 그렇게 함으로써 전근대에서 근대로 진행되는 '발전 단계'로서의 역사가 아니라 과거와 현재와 미래를 중첩시키고, 그렇게 덩어리져 있는 거대한 에너지이자 지속적인 기억으로 존재하는 새로운 역사성과 시간성을 재현하고자 노력한다. 카메라는 이를 위해서 넘새가 쇠걸립을 하는 공간을 춤추듯 넘나든다.

영화의 마지막은 천경자의 진술로 마무리된다. "굿 보러 간

[15]
내림굿을 할 때 무당이 쓰는 도구를 만들고자 마을을 돌며 쓸모없는 쇠를 모으는 일.

박찬경의 〈만신〉은 한국의 근대사 안에서 무엇이 보이지 않는 것으로서 역사의
간극 속에 잠겨 있었는가에 집중한다. 역사의 간극에 잠겨 있던 것은 영화의 간극,
혹은 영화적인 것이라고 할 수 있는 영상문화의 간극 속에서도 잠겨 있었던 것들이다.
영화가 그 심연에서 건져내는 것은 근대적 합리성에서 배제되어야 했던 귀신의 세계이자
영매의 세계였다.

다고 해서 따라갔더니 영화를 상영하고 있었다." 〈만신〉은 영화란 산 자와 죽은 자, 보이는 자와 보이지 않는 자, 포함된 자와 배제된 자, 목소리를 지닌 자와 목소리를 박탈당한 자 사이의 경계를 넘나들며 그 사건들의 뭉치를 엮어내는 하나의 '굿판'이어야 한다고 말하는 것이다. 한편으로 감독 박찬경은 자신의 미디어 작업이 지향하는 바를 '정성 예술'이라고 표현하기도 했다.[16] 시간과 공을 들여서, 그렇게 정성을 들여서 근대라는 세계가 누락시켜온 것들을 되살려내고 그들의 목소리에 귀를 기울이거나 목소리를 부여하는 작업이 미디어 예술이 해야 할 바라는 의미일 터다. 하지만 무엇보다 '정성 예술'이자 '굿'으로서의 영화는 지속적으로 미디어의 경계를 넘어서는 관객의 참여를 요청한다. 그 참여란 사유의 과정일뿐만 아니라 감정적 동화의 과정이고, 동시에 몸을 움직여 그 공간 안에 나를 들여놓는 과정이다.

그러나 그런 노력에도 영화는 세계를 온전하게 포착하지 못한다. 그러므로 영화가 할 수 있는 최선은 내가 무엇인가를 할 수 있다는 오만에서 벗어나는 것이다. 그리고 자신이 무언가를 탈각시키는 메커니즘에 의존하고 있다는 사실에 대한 예민한 인식을

16
미디어시티서울 2014 〈피력난신을 말하다〉 포럼 중에서.

바탕으로, 그 엄청난 심연을 드러내기 위해 스스로 세계에 난 상처와도 같이 벌어져야 한다. 우리는 여기에서 또하나의 '천공의 상상력'을 말할 수 있게 된다. 보이지 않았던 것들을 서사화하고 재현하거나, 매체성의 실험을 통해 심연을 들여다볼 수 있는 구멍을 영화 스스로 뚫는 것, 뫼비우스의 띠처럼 영화가 그 작은 구멍을 통해 얽히고설킨 상태로 흘러나오도록 하는 것 그리고 때로는 그 구멍 자체로 존재하는 것. 이것이 '영화-구멍'의 두번째 차원이다.

    차이밍량蔡明亮의 영화 〈구멍〉(1998)은 영화의 이와 같은 존재론을 알레고리적으로 보여준다. 이 작품은 영화에 대한 영화, 더 구체적으로는 '영화-구멍'에 대한 메타 영화로 읽을 수 있다. 영화는 세기말이 지난 2000년의 타이완을 배경으로 한다. 원인을 알 수 없는 바이러스로 인해 타이완 전역은 공포와 불안에 잠겨 있다. 한 아파트, 위층 남자의 집에서 물이 새면서 아래층 여자의 집이 젖어들기 시작한다. 처음에는 마루의 한쪽 벽이, 그다음에는 마루 전체가, 그다음에는 화장실이 그리고 그다음에는 침실까지…… 벽을 타고 흐르는 물은 여자의 집을 천천히 그러나 완벽하게 침몰시킨다. 설상가상으로 이를 수리하기 위해 찾아온 배관공은 남자 집 마룻바닥을 파헤치다 결국 남자 집 바닥과 여자 집 천장 사이에 구멍을 뚫고 만다. 물 지옥과 같은 여자 집과 달리 뽀송뽀송한 집에 살던 남자는 비로소 자신의 삶으로부터 흘러나온 오수가 어떻게 여자의 삶을 망가뜨리고 있는지 깨닫게 된다.

　　영화의 마지막, 결국은 원인 모를 바이러스에 감염이라도 된 듯이 축축하게 잠긴 집을 정신없이 기어 다니던 여자는 지쳐 쓰러진다. 남자는 구멍을 통해 여자의 고통스러운 삶을 들여다보고, 그 구멍을 통해서 손을 내밀어 한 잔의 물을 건넨다. 그리고 물 잔을 건넸던 손이 구멍을 향해 뻗은 여자의 손을 잡는다. 여자는 구멍을 통해 위층 남자의 집으로 끌어올려진다. 그것이 과연 구원일까? 우리는 영화를 사로잡고 있는 그 세기말적 분위기 안에서 이미 희망이 사라진 시대를 본다. 그러나 적어도 견고한 시멘트 바닥에 뚫린 구멍은 남자로 하여금 수면 아래 잠겨 있는 것들을 들여다보게 한다. 이 글을 통해 제안하고자 했던 영화-구멍의 존재론은 남자의 집에 우연한 기회에 뚫린 구멍과도 같은 것이다. 그 구멍은 타인의 삶을 엿보고 하나의 스펙터클로 소비해버리는 관음증자의 구멍이 아니라, 보지 못했던 것과 대면하게 하는 어떤 전환의 구멍이다. 시

우리가 생각해야 할 '구멍'은 타인의 삶을 엿보고 하나의 스펙터클로 소비해버리는
관음증자의 구멍이 아니라, 보지 못했던 것과 대면하게 하는 어떤 전환의 구멍이다.
시선의 교환이 시작되는 구멍이자, 관심과 질문을 던지게 하는 구멍이며,
손을 뻗는 움직임이 시작되는 구멍이다. 지금 우리가 서 있는 토대를 서서히,
잘, 정성을 들여서, 파괴시켜나가는 구멍이다.

사진 / 차이밍량, 구멍(The Hole), 1998.

선의 교환이 시작되는 구멍이자, 관심과 질문을 던지게 하는 구멍이며, 손을 뻗는 움직임이 시작되는 구멍이다. 무엇보다 지금 우리가 서 있는 토대를 서서히, 잘, 정성을 들여서, 파괴시켜나가는 구멍이다. 마치 남자가 여자의 집으로 다리를 집어넣기 위해서 구멍의 주위를 깨끗하게 치우고, 망치로 구멍 주위를 두들기는 것처럼. 그리고 더 중요한 것은, 기실 남자야말로 '세기말적 공포'라는 깊고 어둡고 무거운 물속에 잠겨 있던 사람이라는 사실일 터이다.

그런 의미에서, 영화-구멍은 무엇보다 영화가 정치를 이야기할 수 없는 시대에 진지하게 스스로 정치적인 것이 되어야 함을 말하는 것이기도 하다. 그러나 이 정치는 적대를 설정하거나 정권을 바꾸거나 혁명을 말하는 것으로서의 정치가 아니다. 영화-구멍이 말하는 것은 여전히 지속되어야 하는, 소멸을 강요당한 것들에 대한 목격의 가능성이다. 이것은 그야말로 분투이며, '보이지 않는 것의 탈각' 위에 서 있는 우리의 세계에서 가장 급진적인 정치 행위다. 목격으로부터 시작되는 내 몸의 이동, 내가 딛고 서 있는 이 좁은 땅의 질적 재구성. 그것이야말로 '곁'[17]을 재조직해야 하는 파편화된 시대에 필요한 변화의 시작이다.

[17] 엄기호, 『단속사회』, 창비, 2014.

— 참고 문헌

— 가라타니 고진, 조영일 옮김, 『네이션과 미학』, 도서출판b, 2009.

— 로버트 스탬, 김병철 옮김, 『영화이론』, K-BOOKS, 2012.

— 앙리 베르그송, 황수영 옮김, 『창조적 진화』, 아카넷, 2005.

— 엄기호, 『단속사회』, 창비, 2014.

— 조르조 아감벤, 김상운 · 양창렬 옮김, 「몸짓에 관한 노트」, 『목적 없는 수단』, 난장, 2009.

— 존 그레이, 김승진 옮김, 『동물들의 침묵』, 이후, 2014.

— 질 들뢰즈, 유진상 옮김, 『시네마 I: 운동-이미지』, 시각과 언어, 2002.

— Hollis Frampton, "For a Metahistory of Film: Commonplace Notes and Hypotheses," *Circles of Confusion: Film, Photography, Video Texts 1968-1980*, Rochester: Visual Studies Workshop Press, 1983.

— Jonathan Beller, *The Cinematic Mode of Production: Attention Economy and the Society of the Spectacle*, University Press of New England, 2006.

손희정

영상문화를 연구하는 페미니스트. 연세대학교에서 영어영문학과
한국사학을 공부하고, 중앙대학교에서 영화학으로 박사 학위를
취득했다. 서울국제여성영화제에서 다년간 활동하면서 문화와 세계를
읽는 눈을 배웠으며, 현재는 땡땡책협동조합에서 '이상한' 사람들과
함께 조금 다른 세계를 구상하는 중이다. 저서로는『다락방에서
타자를 만나다』(공저, 2005)와『10대의 섹스, 유쾌한 섹슈얼리티』
(공저, 2010)가 있고, 역서로는『여성 괴물-억압과 위반 사이』(2008)와
『호러영화-매혹과 저항의 역사』(2011) 등이 있다.

우리 사회의
어두운 구멍

이원석

구멍은 결여의 방식으로 자기 존재를 드러낸다. 철망에 작은 구멍 하나만 생겨도 끝내 모기가 들어오지 않던가. 생각해보면, 편의점에 진열된 과자 봉지들조차 질소가 가득한 구멍이 아닌가. 질소를 사니까 과자가 딸려오더라는 농담처럼 과자보다 텅 빈 공백이 돋보이니 말이다.[1]

구멍은 이렇게 비어 있는 공백이다. 물론 공백으로서 일정한 기능을 수행한다. 슬라이딩 퍼즐[2]의 비어 있는 한 칸이 좋은 그림이 될 것이다. 그 하나의 공백을 통해 그 퍼즐의 다른 칸들이 여기저기로 이동할 수 있게 된다. 다른 칸들을 위해 어딘가는 공백(0)으로 존재해야 한다.

공백으로 남은 한 칸이 없다면, 다른 칸들이 작동할 수가 없다. 이 공백은 소극적으로 존재하지만, 적극적으로 작동하는 셈이다. 나는 여기에서 우리 사회가 작동하는 메커니즘을 떠올리게 된다. 가령 회사의 비정규직을 슬라이딩 퍼즐의 비어 있는 한 칸으로 본다면 어떻겠는가?

1
오죽하면 과자 봉지로 뗏목을 만들어 한강을 건넜겠는가.
이는 대학생 세 명이 제과 업체의 과대 포장을 보여주기
위한 목적으로, 2014년 9월 28일 오후에 송파구 잠실동
잠실한강공원 수상관광 승강장에서 과자 160개를 엮은
뗏목을 가지고 한강을 건넜던 퍼포먼스를 가리킨 것이다.

2
슬라이딩 퍼즐은 평면의 보드상에 배치된 조각을
움직여서 특정한 모양 혹은 질서를 만들어내는 형식의
퍼즐이다. 조각을 보드에서 들어올려 배열하는
직소 퍼즐과 달리 이차원 상에서 움직여야 한다.

|

기업의 희생양

|

한국의 비정규직은 기업의 희생양이다. 급여는 적고 복리 후생은 얄팍한 반면, 업무는 많고 사내 지위는 초라하기 그지없다. 대우가 박한데다가 일자리는 불안정하다. 이는 그저 비용 절감의 문제로 끝나는 것이 아니라, 사원들 간의 관계 구도의 문제로 나아간다.

자본주의 사회에서 노사의 긴장 관계는 자연스러운 것이다. 한데 비정규직을 통해, 원래 회사와 사원 사이에 그어져야 할 경계선이 정규직과 비정규직 사이로 옮겨지게 된다. 이를 통해 새로 형성된 관계는 정규직으로 하여금 회사 대신 비정규직에게 부정적 정념을 투사하게 만든다.

그야말로 회사에서 따귀를 맞고, 계약직에게 뺨을 갈기는 꼴이다. 회사에 대한 분노와 스트레스가 계약직에 대한 구별 짓기로 상쇄되고 있다. 사내 노조들조차 많은 경우에 비정규직을 배려하지 않는다. 심지어 비정규직 보호법 또한 이들을 제대로 보호해

주지 못하는 실정이다.[3]

　　이로써 회사와 정규직이 조화롭게 공존할 수 있는 길이 열리게 된다. 피지배자들 사이의 연대를 가로막는 분할통치divide and rule 전략이 놀라운 성공을 거둔 셈이다. 노동자 사이에 분열이 발생하고, 대신에 노사 간에 연대가 발생하는 것은 노동자 자신의 목을 죄는 것이다.[4]

[3]
2007년 7월 1일에 시행된, 이른바 '비정규직 보호법'(기간제 및 단시간근로자 보호 등에 관한 법률, 파견근로자 보호 등에 관한 법률, 노동위원회법 등 비정규직 보호 관련 법률의 통칭)은 외려 이들을 울릴 뿐이다. 가령 기간제 근로자의 총 사용 기간을 2년으로 제한한 결과는 비정규직을 2년제 시한부 직장인으로 만들어버린 것이다. 더욱이 기업이 2년 이상 고용한 근로자에 대한 채용 규정에 임금과 복지에 대해 정규직과 동등한 대우를 제공해야 한다는 항목이 누락되어 있다. 이로 인해 많은 기간제 근로자들이 무기 계약직으로 전환되어 비정규직과 다를 바 없는 열악한 대우를 받고 있다. 기업의 이러한 횡포는 모두 법적으로 보장 받고 있다.

[4]
분할통치가 로마 시대로부터 비롯된 오랜 전략이듯이 패망의 지름길로서의 분열에 대한 성찰도 오래된 것이다. 심지어 예수조차 이에 대해 날카롭게 일갈하신 바가 있다. "스스로 분쟁하는 나라마다 황폐하여지며, 스스로 분쟁하는 집은 무너지느니라." (「누가복음」 11장 17절) 이와 유사한 병행구로는 「마가복음」 3장 24-5절이 있다.

|

빈칸으로서의 호남, 여성, 청년

|

한국에서 호남인은 마치 유럽의 유대인과 같은 역할을 담당하고 있다. 유대인과 호남인 모두 비어 있는 한 칸에 해당하는 것이다. 담론 안에서 재현되는 양태를 들여다보면, 모든 문제가 이들에게서 비롯되고 있다. 실로 사회 이면에서 암약하는 정치경제적 흑암의 세력인 셈이다.

유럽은 소수자인 유대인을 빈칸으로 취급하고, 문제의 봉합을 위해 악용했다. 가령 흑사병이 유럽을 휩쓸 때에 그들이 우물에 독을 탔다는 소문을 퍼뜨렸다. 근대의 유대인 음모론은 「시온 의정서」로 그 틀이 잡혔고,[5] 히틀러는 이 문서에 기반하여 유대인을 불쏘시개로 삼았다.

한국의 5·18은 나치의 홀로코스트에 상응한다. 당시 신군부는 5·18을 통한 호남에서의 참혹한 진압을 시작으로 민주 세력에 대한 대대적인 탄압에 나섰다. 현재 카카오톡 등을 포함한

5
정확하게 말하자면, 「시온 의정서」가 아니라 「시온의 장로들의 회의록The Protocols of the Learned Elders of Zion」이다. 여전히 회람되며 유대인상에 부정적인 영향을 미치고 있다. 움베르토 에코는 이의 형성 과정을 『프라하의 묘지』 (이세욱 옮김, 열린책들, 2013)를 통해 그려냈는데, 여러모로 읽어볼 만하다.

여러 SNS를 통해 유포되는 호남인 음모론도 유럽의 「시온 의정서」와 다를 바가 없다.

　일게이(일베 게시판 이용자)들의 약진이 이런 면에서 주목할 만하다. 이들은 자기들보다 취약한 처지에 놓인 이들에게 공격적 태도를 취하며 즐긴다. 특히 호남인을 '홍어', '전라디언' 등 비하적 호칭으로 부르며 지역감정을 부추기고 있다. 왜 호남이 주요 타깃인지를 생각해보라.

　일게이들은 강자에게 약하고, 약자에게 강하다. 김지하 시인이 『사상계』(1970년 5월호)에 발표한 담시譚詩 「오적」에 등장하는 셋째 도적인 고급 공무원에 대한 묘사가 딱 맞아떨어진다. "높은 놈껜 삽살개요, 아랫놈껜 사냥개라." 그들은 강자를 비판하지 않고, 외려 지지한다.

　일게이들의 주요 타깃에는 여성도 들어간다. 그들이 주로 사용하는 '김치녀'라는 단어는 한국 여성을 부르는 비하적 호칭이다. '보슬아치'는 여성에 대한 혐오를 반영한다. 가부장제 사회 안에서는 여성이 약자이기에 그들에 대한 공격은 참호 안에서의 사격처럼 안전하기 그지없다.

이렇듯 강자와 자신들을 동일시하는 일베의 전략은 가장 취약한 자들을 공백으로 만들어 거기에 모든 부정적인 정념을 투사하는 것일 따름이다. 그러나 물론 이러한 동일시로 그들의 비루한 현실이 바뀌지는 않는다. 이것은 어디까지나(현실에서의 처지를 도외시하는) 정신 승리일 뿐이다.

또한 세대상으로 보면, 청년들이 공백의 역할을 감당하고 있다. '88만 원 세대(미국은 빈털터리 세대, 이탈리아는 1000유로 세대)'라는 명칭이 달리 나온 게 아니다. 보수와 진보가 모두 이들에게 사회적 문제의 책임을 투사한다. 진보의 '20대 개새끼론'도 그러한 맥락에 놓인 것이다.

이렇듯 성별, 세대별, 지역별로 구멍(빈칸)이 존재한다. 자크 라캉Jacques Lacan식으로 말하자면, 억압된 실재인 셈이다. 즉 상징계가 현실에서 배제한 부분이다. 우리 사회의 지배 질서 안에서 온전한 몫을 누리지 못한 이들이 여기에 해당한다. 그러니까 공백은 몫 없는 이들의 은유인 셈이다.

|

구멍과 의식 조작

|

그렇다면 여기에서 질문이 제기된다. 이들은 왜 구멍에서 나오지 않는가? 전통적인 테제로 풀어 말하자면, 어째서 억압받는 민중은 혁명의 선봉으로 나서지 않는 것인가? 여러 설명이 가능하지만, 여기서는 한스 마그누스 엔첸스베르거Hans Magnus Enzensberger를 따라 대중의 의식이 조작 당했기 때문이라고 답하겠다.

엔첸스베르거는 '의식산업'Bewusstseins-Industrie이라는 신조어를 통해 언론과 텔레비전, 출판 등 인간 의식을 대상으로 하는 산업 전반을 가리킨다(이는 원래 테오도어 아도르노Theodor Adorno와 막스 호르크하이머Max Horkheimer의 용어인 문화산업Kulturindustrie의 대체어로 제시된 것이다).

『1984』의 주인공 윈스턴은 애정성(특히 101호실)에서의 고문을 통해서 세뇌된 결과로 대형Big Brother을 사랑하게 되었다. 그를 바꾸어놓은 것은 강력한 폭력 장치였지만, 현대의 관리사회가 우리를 주로 조종하는 방식은 의식산업으로 대변되는 이데올로기적 국가 장치이다.

그에 따르면, 의식산업은 각 개인이 자기의식 안에서 자기 주인이 여전히 자신이라는 환상을 붙잡게 만든다. 실은 자신이 구멍 안에서 허우적댄다는 사실을 받아들이지 못하게 말이다. 이로써 의식산업은 현재 질서를 유지하는 사회적 접착제social cement의 역할을 수행한다.

위에서 말한 것처럼 의식 조작의 초점은 자율성의 환상이다. 달리 말하면 자기계발self-help이라고 할 수 있다. "하늘은 스스로 돕는 자를 돕는다"면서 각자의 자기 주도성을 강조한다는 뜻이다. 이러한 이데올로기가 적극적으로 수용되는 것은 현실 변혁의 가능성이 좌절된 탓이다.

이는 철저한 자기책임론이다. 자기계발은 구멍 속에 틀어박힌 이들로 하여금 모든 결과를 온전히 자기책임으로 받아들이게 만든다. 당연히 이 세상을 향해서 원망하지 않고 자신을 책망하게 만드는 것이다. 심리적으로는 불만을 품을지언정 현실적으로는 변혁을 촉구하지 않는다.

송파구 세 모녀는 자살하기 전에 집세 70만 원을 노란 봉투에 담아놓았다. 퇴거를 앞둔 장안동의 어느 독거노인은 식사라도 하라며 밥값을 준비했다.[6] 선량하기 그지없는 이분들은 조금도 이 사회를 향해 조금도 원망을 표하지 않았다. 왜 가난한 자들은 사회를 바꾸려 하지 않을까?

가난한 이들의 분노를 틀어막고, 외려 가진 자들의 입장을 대변하게 만드는 전략에 대해 성찰할 필요가 있다. 우리 사회의 자기계발적인 의식 조작을 더이상 간과해서는 안 된다. 우리는 이들의 담론에 맞서 투쟁을 전개해야 할 것이다. 짱돌을 던지는 것만이 투쟁은 아니다.

자기계발의 본질은 세뇌이다. 참새가 자신을 독수리라고 믿게 만든다. 아니, 벌레가 자신을 조류라고 믿게 만드는 것이라 해야 맞겠다. 새벽에 일어나는 새가 모이를 잡는다고들 말한다. 하지만 새벽에 일어나는 벌레가 더 빨리 먹힌다. 자기가 벌레라는 생각을 못 하는 이들이 많다.

6
"퇴거 앞둔 독거노인, '국밥값' 남기고 목숨 끊어",
〈시사in live〉 2014년 11월 1일. 사이트 주소는 다음과
같다. http://www.sisainlive.com/news/articleView.
html?idxno=21629

불안한 주체,
구멍난 주체:
한국 민주주의
통치를 바라보며

토리

들어가며

서울시민인권헌장이 제정중이다. '150명의 시민위원과 전문가 30명으로 구성된 시민위원회의 토론을 통해 서울시민이 누려야 할 인권적 가치와 규범을 담는다'가 서울시민인권헌장의 성립 취지이다. 헌장의 성립 전제는 '만인(서울시민)의 동등한 참여와 토론'이다. 그러나 규범적 정의와는 논외로, '토론'을 통한다는 서울시민인권헌장의 제정 현장은 말 그대로 기독교 보수세력들의 동성애 반대 시위로 연일 난장판이 되었다. '토론'이 아닌 막무가내와 혐오의 목소리가 높은 현장은 도리어 한국 사회에서 어떻게 인권이 소비되고 있는지 보여주는 '인권헌장'의 민낯에 가깝다.

민주주의와 인권이란 단어에 긍지를 느끼는 순간 굴욕이 동시에 찾아온다. 한때 민주주의의 세계가 하나의 완성된 형태로, 굴절 없이 지속 성장할 거라는 기대를 갖고 있었다. 사람도 세계도 이제 '민주시민' '민주사회'로 성숙해졌으므로 더이상의 후퇴는 없

을 거라 생각했다. 그러나 이제 일견 완전해 보였던 세계라는 '환
상'이 내부에서 걷잡을 수 없는 균열이 발생해 파괴될 수 있음을
인정해야 한다. 구멍은 도처에 있다.

|

구멍 난 시민권: 배제해야 하는 주권

|

성소수자 혐오세력이 처음 조직화된 것은 2007년 차별금지법 제
정 시도 때부터이다. 처음부터 이러한 움직임이 계속될 거라고는
예상치 못했다. 자유민주주의의 원칙을 이해하는 과정에서, 모두
가 동등하게 자유민주주의 규범을 받아들이는 과정에서 맹목적인
반대는 '계몽의 빛'을 얻어 사라질 것으로 생각했다.

일반적인 반*차별의 내용에 '성소수자'라는 어구를 포함시
키는 것은 국제 인권 가이드라인과 협약 등 국제 인권 정치에서

매우 규범화된 형식에 불과하다. 처음으로 성적 지향을 차별 금지 내용에 포함시켰던 국가인권위원회법에는 성적 지향에 따른 차별 금지 방법이 구체적으로 담겨 있지 않다. 다만 다양한 차별 사유 중 하나로 '성적 지향'이 포함된 것이다.

반차별의 구체적인 내용이 없는 '성소수자 차별 금지'라는 단순한 어구는, 그러나 근 7년간 '동성애 용인', '에이즈 창궐' 등의 혐오적 대응들이 가세하면서 실제 정치적 현상이 되었다. '동성애 가 용인'되어서는 안 된다는 명시적인 '반대'를 여론으로 고려할 것인가. 차별 금지의 형식(차별 사유의 개념들)조차도 차별을 인 정치 않는 반대에 부딪치면 얼마든지 현실 정치적인 협상의 대상 이 될 수 있는가. 혹은 그러면서도 차별을 막을 수 있고, 평등이 가 능할 거라고 믿을 수 있는가. 아직 충분히 가시화되지 않는 성소 수자의 동등한 참여권은 어떻게 보장될 수 있는가.

그러므로 국제인권규약으로 대표되는 — 어쩌면 단단한, 어 딘가에서는 실체가 있는 — '전 세계 민주주의적 기본과 합의'는 이곳에서는 비어 있는 괄호이다. 국제인권규약은 국가에 의한 억 압을 다루는 데에 효과적이다. 국가가 일부 소수집단에 대한 명확한 차별을 선언할 때, 그 억압은 매우 가시적이다. 이럴 때 국가는 사적 주체들로부터만 권력을 위임받아 폭력을 독점하는 존재 그 자체이다. 그러나 국가가 차별에 개입하지 않을 때 그리고 '사적 주체화'된 주체들 간 적대와 차별을 방치할 때, 국가는 도리어 적대의 기초로서 자신을 은유한다. 권리의 전제적 존재로서 국가는 사라지며 국가는 행사할 수 있는 개입(폭력)과 아닌 개입(폭력)의 경계만을 긋는다.

'행사할 수 있는 개입(폭력)' 경계 밖에서 지난 10여 년간 성소수자 혐오세력과 적대세력들은 더욱 조직되었고 확장되었다. 그러한 현장은 일종의 '국가-없음'의 상태가 된다. 현장에서 오직 성소수자만이 '벌거벗은' 맨몸으로 그들의 존재 자체를 부정하는 적대세력들을 만난다. 우리는 여기서 한국 사회의 관용과 배제의 작동 방식을 읽을 수 있다. 설사 정상적이지 않은 주체를 포함한다 하더라도 그 조건과 방식을 결정할 수 있는 권리는 그 주체에 있지 않다. 적대를 구실로 한 배제, 개입 없음은 언제든지 가능하다.

포섭과 배제, 개입 없음의 대상이 되는 것은 비록 성소수자만이 아니다. 곳곳에서 적극적인 국가 폭력을 통해, 때로는 담론을

포섭과 배제, 개입 없음의 대상이 되는 것은 비록 성소수자만이 아니다. 곳곳에서 적극적인 국가 폭력을 통해, 때로는 담론을 통해 부정당하고 권리가 박탈되는 이들을 목도할 수 있다. 용산 철거민도 그러하고, 강정과 밀양의 주민도 그러하다. 소위 '빨갱이'와 종북세력의 경우에는 실체가 없는 유령으로서 국가는 적극적으로 적대의 담론 생산을 위해 기능한다. 국가는 적극적인 권리박탈의 행위자로서, 배제의 준거를 합리화하면서 통치를 행사한다. 공적인 공간에서 목소리가 가리어지고 존재를 부정당하는 이들은 일종의 근대적 자유시민의 상에서 지워지지 않는 구멍이다.

사진 / 김태환

통해 부정당하고 권리가 박탈되는 이들을 목도할 수 있다. 용산 철거민도 그러하고, 강정과 밀양의 주민도 그러하다. 소위 '빨갱이'와 종북세력의 경우에는 실체가 없는 유령으로서 국가는 적극적으로 적대의 담론 생산을 위해 기능한다. 국가는 적극적인 권리박탈의 행위자로서, 배제의 준거를 합리화하면서 통치를 행사한다.

공적인 공간에서 목소리가 가리어지고 존재를 부정당하는 이들은 일종의 근대적 자유시민의 상(相)에서 지워지지 않는 구멍이다. 국가는 구멍의 경계를 통해 근대적 자유시민이란 규범의 안과 밖이 결정될 수 있음을 보여준다. 경계를 결정할 수 있는 권력은 적어도 구멍 내 존재들에게는 주어지지 않는다. 역설적으로 외부가 없는 경계와 구멍은 그렇게 만들어진다.

안타깝게도 이러한 구멍은 '민주국가' 외부에서 오는 것이 아니다. 성소수자나 사회적 소수자가 응당 필요한 주권을 박탈당하고 있다고 했을 때, 한국이 아직 그만큼 민주화가 되지 않았다고 했을 때, 우리는 충분히 민주주의의 상상력이 구현된/고도화된 서구 민주주의를 상상한다. 이때의 민주주의는 외부에 존재하는 것이며 아직 한국은 그만큼 수준에 '도래'하지 않은 것이다. '민주주의'라는 담론을 매개로 한 국제정치의 교환은 있어도 한국에서 그러한 권리는 정치화되지 않는 것이다.

　이러한 관점은 적어도 두 가지 문제점을 지닌다. 하나는 고도화된 민주주의 국가에서 만들어내는 경계와 효과를 보지 못하는 것이다. 다른 하나는 외부와의 교류가 증대하면서 한국에서 소수자 주체와 권리가 발견된 것과 같은 몰역사적인 감각을 갖게 한다는 점이다. 서구의 페미니즘이 유입되면서 사적 영역이 발견된 것이 아니며 인식과 관점은 늘 공/사 경계를 가르며 구성되어 왔음을 상기할 필요가 있다. 그러므로 소수자에 대한 적대를 논함에 있어서도 한국 사회의 성격과 역사적 맥락을 매개로 구명과 경계가 구성되는 방식을 살펴보아야 할 것이다.

　우선 이 글에서는 한국 사회에서 사적인 영역이 권리의 영토가 된 바가 없으며, '불안'을 야기하고 정권과 체제를 존속시키는 영토로 존재했음을 말하고자 한다. 그리고 오늘날 적대와 혐오적 주체들이 이를 배경으로 탄생했음을 지적한다. 권리의 영토가 되지 못하는 사적인 주체들은 위협으로 간주되거나 적극적인 통치의 대상이 된다. 이제 전지구화된 자본주의 정치 틀과 국제 인

137

권 정치의 틀 속에서 국가가 적극적으로 불안을 양산해내지 못하지만, 적대와 혐오를 존속시킴으로써 사적인 영역을 방치시킬 수 있다. '비합리적 적대'는 이러한 주권의 경계를 매개로 형성된다고 보아야 할 것이다.

|

불안의 관리로서의 반공체제와 민주화

|

민주주의라는 이념을 구현하는 국가라면, 권리의 주체로서 인민이 필요하다. 민주주의 국가에서 권리를 지니는 이와 그렇지 않은 이를 구분하는 통치가 가능하려면, 신분이나 그런 것을 준거로 삼는 것이 아닌 질병과 출생(섹슈얼리티), 전력(범죄), 사상(공산주의-반민주주의) 등을 매개로 삼는다. 이는 한편으로 '민주국가'에 적합한 권리자 주체를 생산해내는 작업이기도 하다. 다만 이를 단

지 공공장에서 적합한 주체만을 선택하고 타자들을 배제하는 것으로만 이해해서는 안 된다. 오히려 이를 위해 사적인 영역을 효과적으로 부각시키거나 동원함으로써 공적인 공간을 교란하고 질서를 획득하는 것에 가깝다. '사적으로 문란'하다거나 '사상이 알고 보니 불순하다' 등의 담론들이 효과적인 도구로 사용되었던 것을 생각해보면 이해할 수 있을 것이다.

　　과거 군사정권이 반공국가를 하나의 국시로 삼았을 때, 민주화를 차대의 과제로 삼았을 때, 흔히들 '혼란'과 '불안'을 이유로 민주주의 과제를 미루었다고 해석한다. '혼란'과 '불안'은 소위 '공공 공간'에 암적으로 암약할 수 있는 '간첩'과 '좌경'세력들을 지칭한다. '혼란'과 '불안'을 야기하는 존재를 적극적으로 생산하면서 '아직 민주화가 덜 된' 자유민주주의 국가가 유지될 수 있는 것이다. 이 구도에 따르면 공적인 공간은 언제나 공간의 외부로 추방된 불온한 영토를 인지해야 그리고 간첩과 좌경세력이라는 불안을 내포하는 신체로 규정해야(대표적으로 '광주 폭도'라는 명명이 있다.) 효과적으로 민주주의-국가로 이행할 수 있다. 냉전과 분단 구도가 이러한 국가 안정론에 미친 영향을 두말할 필요는 없겠지만, 민주주의 국가로서의 성공이 이러한 국가 안정 여부에 따라 평가받는 후기-식민주의 조건에 관해 다시 생각해볼 필요가 있을 것이다. 반공주의와 민주주의는 상호모순이긴 하나 불가능한 접합은 아니다.

더 살펴보아야 할 것은 반공과 내부 정화 담론의 은유들이다. 당시 신문 기사나 사설 등에서는 '혼란'과 '불안'의 근저에는 '불순'한 사상의 '오염'이 있으며, 이는 언제든 전파 가능한 것이라고 생각했다. '불온사상'에 오염될 수 있고 전염원이 생성될 수 있는 공간은 대학이다. '좌경세력이 일부 대학가로 침투하고 또 사회로 진출하여 공산주의의 독버섯을 퍼뜨리는 포자의 기능을 하지 못하도록' 등의 은유에서 볼 수 있듯이 대학 등 순수한 학문의 전당과 공적 공간에서 불온사상의 '맹아'를 잘라내야 기타 사회로 전파되지 않을 수 있다. 독버섯과 병균과도 같은 은유를 사용함으로써 '사상에 물든' 신체는 '병균'에 물든 신체와도 같은 의미를 지닌다. 이들의 웅성거림은 불온하며, 전파되어서는 안 될 입(신체)이며, 공적 공간에서 솎아내야 할 전염원이다.

1980년대 민주화운동은 광주시민들이 이러한 '불온한 신체'가 아니라고 선언하면서 시작했다. 광주시민의 목소리는 불온한 웅성거림이 아닌 공적 공간에서 충분히 발화되어야 할 성질의 것이었다. 공적 공간에서 충분히 소화될 수 있는 정당한 요구를 군화발로 짓밟는 군부독재야말로 '혼란'과 '불안'의 주범이라 불릴 만하다. 민주화운동의 대항적 공공장으로서의 의미는 이러한 경계 짓기로 획득되었다고 볼 수 있다.

그러나 민주화운동의 흐름에는 '불온한 신체'에 대한 부정과 정당성 부여뿐만 아니라 사회적 방어력이란 상상 또한 존재했다. 우리는 체제 이행의 심급에 '방어력'과 '전파에 대한 저항'이란 구조가 있음을 생각해보아야 한다(탈냉전 조건은 이러한 믿음이 생겨난 배경이기도 하다). 1987년 상황에서 한국의 '민주주의 역량'이 이미 외부(미국)의 시각에서 충분히 '성숙'한 것으로 평가받았다. 1987년 2월 개스턴 시거Gaston J. sigur 미 국무성 동아시아, 태평양 담당 차관보는 연설에서 이미 다음과 같이 말한 바 있다. "그(전 대통령)는 1988년 2월 자신의 임기가 끝나면 평화적으로 권력을 넘겨줌으로써 고질적인 혼란과 불안의 악순환을 타파하겠다고 약속했습니다. (중략) 오로지 국민적인 지지만이 한국의 미래에 닥쳐올 안보와 경제적인 안정에 대한 도전에 대응하는 데 꼭 필요한 기반을 제공해줄 수 있는 것입니다. 그 과업이 쉬운 일은 아닙니다. 하지만 한국인들은 시작할 때가 왔다는 것을 알고 있습니다. 우선 한미연합군이 새로운 정치 변화를 뒷받침해줄 방패 구실을 해주고 있습니다. 둘째로, 1986년, 사상 처음으로 무역 흑자를 기록하는 등 경제적으로 성공을 거두고 있습니다. (후략)" 여기서 경제 발전은 민주주의와 동일한 심급이다. 경제 발전의 성과는 '불안'을 구실로 한 권위주의적 통치 기도가 더이상 수용되기 어렵다는 근거가 되었다. '('혼란'과 '불안' 없이) 선거를 통해 평화적으로 권력을 넘겨주는' 전제는 한국이 민주주의를 실천하는 중요한 형식이다. 4.13 호헌 조치는 이 형식을 한 번 뒤튼 것이었으나, 그 자체는 형식을 벗어나지 않았으며 항쟁 이후 직선제 쟁취 또한 형식을 위반하지 않았다. 권력의 평화적 이양은 5공 세력 집권 처음부터 전제로 두고 있었던 부분이다.

'혼란'과 '불안'을 해소하기 위한 조건으로서의 민주화는 민주화운동에게서도 중요한 과제였다. 일례로 1986년 전국 대학교수단 연합 선언문에서도 급진성에 관해서나 '좌경' 이데올로기에 관해서 다음과 같은 언급이 빠지지 않는다. "(전략) 학생운동의 급진적 성향을 일방적으로 매도하기 이전에 우선 사회의 각 부문에 자율적 비판 기능을 부여하고 정치적 이데올로기를 포함한 온갖 금기의 폭을 축소하는 일이 선결되어야 한다고 믿는다. (중략) 같은 맥락에서 우리는 좌경 이데올로기에 대한 최선의 처방은 그의 속성과 실체를 알리는 길임을 거듭 강조하며…… (후략)" 즉, 자유민주주의야말로 '급진'과 '좌경' 대응에 있어 선결 조건이 될 수 있다. '급진'과 '좌경'에 대한 대응에 있어 권위주의와 자유민주주의 중 어떤 체제가 더 나은가는 본 글의 논점이 아니다. 궁금해야 할 것은 '급진'과 '좌경'에 대한 대응이 체제 이행의 전제가 되었을 때 그 '급진성'과 '좌경성'이 무엇을 지칭하고, 구분하고, 인식의 토대가 되었는가이다.

보수/혐오: 불안을 내재한
불안한 주체들의 재등장

이러한 인식의 경계를 되짚어보았을 때 2000년대 후반부터 행동을 중심으로 한 혐오세력이 재등장한 것은 그리 놀라운 일이 아니다. 보다 정확하게 기술하자면 '성적 지향'이란 단어를 중심으로 행동 노선이 조직되고 있다. 자유민주주의와 국제 인권 정치의 규범 속에서는 이러한 행동들을 이해할 수 있는 길이 많지 않다. 이를 이해하기 위해 이들의 문제화하는 지점과 강박적 인식이 어느 공간을 매개로 투사되고 있는가를 살펴볼 필요가 있다.

1987년 민주화 공간에서 자유민주주의를 호소한 세력이나 독재세력 둘 다 '대학'이란 공적 공간에서 '불온'한 주체들을 한쪽은 '계몽'으로 한쪽은 '권위'로 교화할 수 있다고 믿었듯이 2000년대 후반, '불온'한 주체를 양성하는 불안한 공간은 '학교'이다. 30년 전 전교조가 갓 합법화되었을 때 '빨갱이'가 학교 아이들을 가르쳐서는 안 된다고 믿었다면 현재는 '빨갱이'가 학교 아이들에게 구체적으로 어떠한 사안들을 가르쳐서는 안 된다고 믿는다. 혐오세력들에게 있어 주요한 문구는 '올바른 청소년 성 윤리 교육'을 하지 않으면 머지않아 에이즈가 창궐하여 국가적 재앙을 맞는다거나 '초중등 교육기관에서 성교육 시간에 이성간 성행위와 함께 동성간 성행위(항문 성교 등)를 가르치지 않으면 차별금지법 위반이 된다'('박원순 시장은 친동성애?' 전면 광고 문구)이다.

이러한 문구들이 얼마나 '합리'적인가, '비합리'적인가는 또다른 차원의 문제이다. 이들 문구는 이미 동성애/이성애 개념이 규범적 범주로 수입되었고 안전하게 게토화된 한국의 상황에서 규범적 주체조차 사적인 영토로 추방해야 한다는 '불안'을 매개로 한 선전들이다. 이러한 선전과 선동이 '반대 의견'으로 해석된다는 것은 성적, 사적 주체들을 권리보다는 배제/관용의 대상으로만 사고한 한국 사회의 착시 현상에 가깝다(인권에는 반대할 수 없지만, 관용에는 반대할 수 있으므로. 관용을 실천하는 주체들과 혐오를 선동하는 주체를 구분할 필요가 있다). 합리와 계몽을 중심으로 한 자유민주주의의 언어와 '불안'을 매개로 한 선동은 만남과 합의가 불가능하다.

　　이들의 불안은 외국에서 성소수자 인권이 신장된 결과 반동 성애 선전이 어렵게 되었다는 믿음을 고수하는 일종의 수입된 불안, 어떤 의미에서 글로벌화된 불안이다. 또 한편으로는 학교에서 동성애라는 '잘못된' 성을 액면 그대로 가르칠지도 모르고 그 결과 에이즈와 같은 역병이 창궐할지 모른다는 불안이다. 흥미로운 점은 이들은 '타락'과 같은 도덕적 단죄의 언어는 쓰지 않는다. 신의 섭리에 따른 단죄와 같은 확신은 이들에게 없다.

　　이러한 불안의 증상에서 전제하고 있는 것은 학교에서 가르쳐야 할 성은 지극히 정상 중심적이어야 한다는 것이고, 한 번 이것이 무너지면 에이즈와 같은 역병은 손쓸 수 없게 된다는 믿음이다. 서구의 반동성애 운동은 학교의 교사들 중 동성애자가 있으면 아이들을 유인하고 타락시킨다는 논리를 펼쳤다. 공적 공간에서 동성애자라는 주체가 등장한 역사가 거의 부재한 한국 사회에서는 이를 그대로 적용하기 어렵다. 문제가 되고 질병의 온상이 될 수 있는 것은 '동성애'라는 것을 교육하는 것 그 자체이다. 마치 자유민주주의 사회가 등장한 후 '종북 분자'들이 판치는 세상이 온 것처럼, 계몽과 토론으로 '종북 이데올로기'의 해소가 불가능하다는 것을 선지하고 알려야 한다는 의무감이 있는 것처럼, 학교에서 동성애와 같은 '성'을 가르치면 질병의 창궐은 막을 수 없다. '종북 게이'라는 언어적 증상은 이러한 맥락에서 이해할 수 있다. 흥미롭게도, 한국 사회에서는 성을 지극히 생식 중심적, 정상 중심적 방식 이외로는 '교육'한 바가 없기 때문에 이들의 불안은 공명할 수 있는 지점을 만난다.

|

나가며

|

이 글에서는 관용과 배제로서의 주권자를 배제하는 오늘날 민주주의 통치의 성격을 먼저 다루었다. 민주주의 통치 그리고 민주 국가로서의 한국의 계보는 역사적으로 사적인 영역을 불안의 영

토로 만들고 통치의 구실로 삼아 왔다. 역사적으로 형성된 불안을 내재한 주체들은 오늘날 적대의 주체로서 재생산되고 있으며 이는 배제와 방치의 성격으로서의 현대 민주주의 통치와 만난다. '이제 국가는 나의 불안과 걱정을 관리하지 못한다.' 이러한 견지에서 보면 관용과 다양성의 구호는 불안을 양산하는 기제일 뿐이다. 이는 관용과 다양성 정치로 사적인 영역이 권리의 영토가 되기 어려움을 보여주는 하나의 실마리가 될 것이다.

|

토리

|

이반연구활동가모임 'esac' 활동(2007), 진보신당 성정치위원회
위원장(2009~2011), 성소수자 차별 반대 무지개행동
사무국(2012)에서 활동했다.
현재 성소수자 차별 반대 무지개행동, 성소수자 가족구성권
보장을 위한 네트워크, 다양한 가족 형태에 따른 차별 해소와
가족구성권 보장을 위한 연구모임 등으로 활동중이다. 논문으로
「한국 사회 LGBT의 성적 시민권-비판과 전망」이 있다.

구멍으로 엿보는 자, 누구인가?

하승우

〈음란서생〉에서 가장 음란한 자는 야설의 작가보다 그 모든 과정을 뒤에서
지켜볼 뿐 아니라 타인을 시험하고 그의 생명까지 좌지우지할 수 있는 자이다.
음란이 도리에 어긋나고 어지러운 행위를 가리킨다면 힘을 가진 자들의 행동이야말로
가장 음란하지 않은가. 예나 지금이나 정당성을 확보하지 못한 권력은
자신을 공격하는 운동의 정당성을 공격하는 방법으로 음란을 활용한다.

사진 / 김대우. 음란서생. 2006.

영화 〈음란서생〉에서 가장 음란한 자는 누구일까? 음란의 진맛에 빠져들어 점점 더 불온하게 야설을 쓰는 사람일까, 구멍으로 엿보며 야설의 삽화를 그리는 사람일까, 그 야설을 판매하는 사람일까, 야설의 작가를 만나고 싶고 가지고 싶은 사람일까, 사랑하는 사람의 곁을 지키려 내시가 된 사람일까, 후궁의 변심을 알면서도 손에 쥐고 놓치지 않으려는 왕이라는 자일까? 얼핏 보면 음란한 자는 야설을 쓰고 삽화를 그리는 사람 같지만, 제각기 자신의 처지에서 야설을 쓰며 그 맛을 즐기고 또 고통스러워한다. 인간사에서 빠질 수 없는 것이 음란인데, 어떤 행동은 가혹한 처벌을 받고 어떤 행동은 처벌받지 않는다. 정말 음란함 자체가 문제일까?

〈음란서생〉에서 가장 음란한 자는 야설의 작가보다 그 모든 과정을 뒤에서 지켜볼 뿐 아니라 타인을 시험하고 그의 생명까지 좌지우지할 수 있는 자이다. 음란淫亂이 도리에 어긋나고 어지러운 행위를 가리킨다면 힘을 가진 자들의 행동이야말로 가장 음란하지 않은가. 그러니 사회의 표본을 삼으려면 저 왕궁의 음란함을 단죄해야 할 텐데 우리는 그것에 관한 야설을 쓸 뿐 어떤 행동도 취하지 못한다. 저 왕궁이 음란의 소굴이라는 건 이미 널리 알

155

려진 사실인데도 말이다. 박정희와 전두환 정권 때 여성을 강제로 성 노리개로 삼았던 채홍사採紅使가 있었다는 야설은 널리 알려진 사실이며, 김영삼, 김대중 대통령의 아들인 김현철, 김홍업씨는 룸 살롱 로비로 유명했다. 오죽했으면 강준만씨가 『룸살롱 공화국』(인물과사상사, 2012)이란 책을 쓰기도 했을까. 한국에서 권력은 칸막이나 밀실, 음란과 분리될 수 없고, 최고 권력자들의 밀실에서 벌어지는 음란이야말로 가장 도리에 어긋난 일이다.

음란 마귀들은 너를 딸처럼 여긴다며 곳곳에서 판을 벌리는데, 퇴마사들은 어디로 사라졌는지 찾을 수가 없다. 외려 음란 대마왕에 비하면 음란에 끼지도 못할 소소한 일들만 감시 받고 추적을 당하는 현실, 왠지 씁쓸하다. 우리 음란하면 안 되나요?

야설을 쓰는 자, 누구인가?

이제 공영방송에서도 대놓고 야동을 논하는 시대가 되었다. 그런데도 왜 아직도 개인의 음란이 문제일까? 성적인 판타지는 이미 여러 경로로 재생산되고 노골적으로 이야기되는데, 음란은 처벌을 받는다. 특히 청소년처럼 특정 대상의 음란은 국가에 의해 관리되는데, 왠지 현실에 부합하지 않는다. 예를 들어, 한편에서는 '아동·청소년의 성보호에 관한 법률(아청법)'이 동영상, 게임 등을 단속하지만, 다른 한편에서는 청소년들이 '직접' 수위 높은 19금 팬픽을 쓴다. 인터넷으로 조금만 검색해도 아이돌 그룹에 관한 엄청난(?) 양의 팬픽을 찾을 수 있다. 〈빨간 마후라〉 이후 청(소)년이 소비자이자 성의 생산자, 유통자로 변신한 시대인데도, 12세 관람가/15세 관람가/청소년 관람불가를 매기는 기관이 존재하는 이상한 국가, 한국. 왜 12~15세, 15~18세는 따로 관리를 받아야 할까? 12세 이하도 부모의 신분을 빌리면 쉽게 야동을 내려받는 한국에서 말이다.

　국가는 기본적으로 청(소)년의 성을 통제의 대상으로 생각한다. 하지만 막는다고 사랑을 금지할 수는 없는 법이다. 청(소)년들의 팬픽은 사랑의 방법을 스스로 개발해온 셈인데, 이 방법은 야동의 세계와도 맞닿아 있다. 순결한 어른들(?)은 팬픽을 보고 깜짝 놀랄지 모르겠으나, 내가 지금까지 본 영화들 중에서 가장 음란한 장면은 영화 〈연인〉에서 남녀 주인공이 리무진 안에서 손을 만지는 장면이다. 그리고 어른들이 즐겨봤던 애니메이션 〈은하철도 999〉는 얼마나 야했던가.

　현실과 법규범이 일치하지 않으니 바꿔야 할 텐데, 어떻게 바꾸는 게 좋을까? 서구의 자유주의자 존 스튜어트 밀John Stuart Mill 은 자기 집에서야 무슨 짓을 하건 상관이 없지만 공공장소에서 벌이는 일이 타인에게 피해를 입히면 처벌을 받아야 한다며 자유의 경계를 그었다. 밀의 눈으로 보면 조용히 집에서 야동을 내려받아 보고 야설을 쓰는 건 죄라 할 수 없다. 개인의 사생활 아닌가. 설령 특정 주체의 음란이 문제되어도 그것은 사회적으로 조절되어야 할 문제이지, 국가가 정하고 (사실상 관리가 불가능한데도) 관리를 이유로 개인을 감시하고 구속할 이유는 없다. 타인의 자유를 침해하지 않는 이상 국가가 간섭할 수 없다는 것이 자유주의의 불문율이다. 자유민주주의를 '무조건' 신봉한다는 한국이 왜 자꾸 개인의 음란에 간섭하는가?

혹시 음란물을 접한 사람들이 음란 마귀로 변해 사회질서를 무너뜨릴까봐? 사실 내용만을 따진다면, 야동이나 팬픽에 인류 문명을 초월하는 묘사는 없다. 꿈꾸는 것 같은 거, 꿈에서 본 것 같은 거, 꿈에서라도 맛보고 싶은 거라는 '진맛'도 육체의 한계를 완전히 초월할 수는 없듯이 말이다. 육체의 한계만큼 사회의 한계도 엄연히 존재하는 것이라, 음란이 조직적인 범죄로 발전하지 않는 한 질서가 흔들릴 일은 없다. 외려 음란이 주는 쾌감에 사람들의 불만과 불안이 누그러지면 누그러진다. 야설과 소설, 다큐의 경계를 묘하게 넘나드는 팬픽을 보면 그런 점을 느낄 수 있다. 이런 게 없었다면 무한경쟁에 시달리는 한국의 청소년들은 살아남지 못했을 것이다. 수위 팬픽이 금단의 영역을 건드리는 것 같지만 그건 우리 현실 속의 일이고, 팬픽에서의 음란함은 대상을 매도하는 도구가 아니라 사랑의 표현이다. 화장실에 "철수와 영희는 서로 웅

응했대요", 이런 차원이 아니라는 얘기이다. 상대를 까기 위해서가 아니라 사랑을 표현하기 위해 팬픽을 쓴다. 조회수나 읽고 돌려보는/올라오는 '댓글'에서 만족감을 얻기도 한다. 이런 활동은 그리 전복적이지 않고 만족감을 준다. 그러니 사랑을 금지하는 것이야말로 야만 아닐까?

|

구멍을 들여다보는 자, 누구인가?

|

금지의 의도가 맞으려면, 야설을 쓰고 야동을 퍼뜨리는 자는 의도적으로 질서를 위반하고 국가의 주권을 뒤흔들려 하는 사람이어야 하는데, 진짜 그런 사람은 못 봤다. 인터넷 야동계의 전설로 군림하다 2006년 구속된 '김본좌'를 보면 그는 전혀 그런 의도를 품지 않았다. 외려 '본좌복음 연행편 32절 9장'은 "김본좌께서 연행

되시매 경찰차에 오르시며 '너희들 중에 하드에 야동 한 편 없는 자 나에게 돌을 던지라' 하시니 경찰도, 형사도, 구경하던 동네 주민들도 고개만 숙일 뿐 말이 없더라"며 경찰을 비웃었다. 그러니 음란이 질서를 위협하는 건 그 행위가 발생하는 시점이 아니라 그 행위가 금지 당하는 순간이다.

그래서인지 국가는 자신의 존재를 위협하는 다른 활동을 매도하기 위해 음란을 조작하며 금지의 근거를 만들기도 한다. 예를 들어, 1991년 박노해씨가 사노맹(남한사회주의노동자동맹) 사건으로 검거되었을 때 당시 방송은 "안기부는 또 박기평씨가 스스로 노동자 계급의 혁명가라고 자처하면서도 조직 활동 자금으로 고급 오피스텔에 거주하는 등 호화 생활을 했으며 여자 조직원과 애정행각도 벌였다고 말했습니다"라고 보도했다. 체제에 저항하는 사회운동에 흠집을 내기 위해 합숙을 '집단혼숙'으로 매도하는 일도 있었다. 예나 지금이나 정당성을 확보하지 못한 권력은 자신을 공격하는 운동의 정당성을 공격하는 방법으로 음란을 활용한다.

그래서 권력은 언제나 도덕을 필요로 하는데, 정작 그 권력

내부의 사람들도 음란에서 자유롭지 않다. 영화 〈음란서생〉에서 윤서(한석규 배역)의 야설에 삽화를 그리는 광헌(이범수 배역)은 의금부 도사이다. 그는 의금부에서 죄인을 고문하고 심문하며 죄를 다스리는 일을 한다. 그런 그가 음란의 매력을 이기지 못하고 삽화를 그리듯이, 가문의 대립이나 직업윤리를 뛰어넘는 음란의 힘은 참 대단하다.

영화에서만 이런 일이 벌어지는 것은 아니다. 1920년대에는 공원이나 강변에서 애정행각을 벌이던 '에로당☀'이 일간지를 장식하기도 했는데, 공원에서의 애정행각은, 특히 청(소)년들의 애정행각은 경찰의 단속 대상이 되기도 한다. 그런데 얼마 전 경기도 부천시에서 남녀 경찰관이 공원에서 애정행각을 벌이다 신고로 체포되었다. 흥미롭게도 이들이 받은 죄목은 풍기문란이나 음란이 아닌 '공무원의 품위 유지 손상'. 이들은 내부 감찰에서 정직 1개월을 받았다고 한다. 시민을 단속하던 처지에 있던 그들은 왜 공원에서 섹스를 하고 싶었을까? 그리고 근무시간도 아닌데 경찰관이라 해서 공원에서 애정행각을 벌이면 안 되는 걸까? 만일 일반 시민이 공원에서 똑같이 행동했으면 어떤 처벌을 받았을까?

이렇게 질문이 꼬리를 잇지만 경찰도 음란 마귀의 손아귀에서 자유롭지 않다는 점은 분명하다.

이렇게 강렬하고 완전히 통제할 수 없는 음란을 왜 금지하고 굳이 처벌하려 들까? 사실 금기가 강력해질수록 위반의 매력도 그만큼 커진다. 시간이 흐를수록 기술은 편리해지고 위반의 가능성은 커지는데, 굳이 이를 통제하려는 이유는 뭘까? 대마초를 금지할수록 유혹이 늘어나는 것과 같은 이치로, 그냥 합법화하고 허용하면 큰 문제가 없을 텐데, 왜 굳이 가두고 금지해서 일을 더 키울까?

|

욕망을 드러내지 못하는 자, 누구인가?

|

〈음란서생〉에는 큰 비중은 아니나 사랑을 위해 스스로 거세한 사

람도 등장한다. 조 내관(김뢰하 배역)이 바로 그 사람이다. 왕의 후궁인 정빈(김민정 배역)을 사랑하기에 내시가 되었고 정빈과 윤서의 다리가 되는 인물. 왕이 정빈을 의심하자 목숨을 걸고 윤서를 제거하려는 인물. 이 조 내관에게 음란이란 무엇일까?

거세된 내시라고 애정행각을 못하란 법은 없지만, 그는 손대면 닿을 수 있는 연인 옆에서 연인을 건드리지 않으면서 연인을 사랑하고 그것에 목숨을 건다. 그에게 욕망이란 무엇일까? 윤서와 정빈의 만남을 적극적으로 막지도 그렇다고 밀어주지도 않는 그 애매한 욕망의 정체는? 그에게 욕망은 불가능한 것이기에 의미 있는 것일까? 욕망이란 실현되는 순간 사라지기 때문에 불가능한 욕망을 계속 품고 살기 위해 거세를 택한 거라면, 그야말로 진정한 음란 마귀이다. 하지만 조 내관은 그런 인물일까?

조 내관이 자신의 욕망을 위해 정빈을 왕에게 보내고 그 옆에서 내시가 되었다면 음란 마귀 시나리오가 완성된다. 하지만 조 내관을 그렇게 만든 건 가지고 싶은 건 가지고야 마는 정빈이다. 조 내관은 불가능한 욕망을 위해서가 아니라 욕망이 불가능해졌기 때문에, 그럼에도 그 욕망에서 완전히 벗어날 수 없기에 스스로 내시가 된다.

혹시 국가는 우리를 이런 존재로 만들려고 하는 게 아닐까? 욕망을 실제로 푸는 건 '이미' 우리의 뜻과 무관하게 불가능해졌는데도 그 욕망을 떠나지 못하고 그 언저리를 헤매는 것. 나라면 그러지 않겠다고 말하면서 어느 순간 자신도 그렇게 하게 되어버리는 것. 우리의 욕망을 자진해서 거세하고서도 그 수치를 견디며 살게 하는 것. 그러면서 타인의 사랑을 밀어주지도 막지도 않는 애매한 욕망의 인물로 쇠락하는 것. 조 내관에 대한 애매한 연민은 우리 자신에 대한 연민과 다르지 않다.

조 내관이 아니라면 그를 그런 처지로 몰고 간 정빈이 음란의 절대 고수일까? 영화에서 정빈은 한국의 다른 영화가 그렇듯 도구로 다뤄지기에 그의 뜻을 헤아릴 수는 없다. 허나 내명부에 이름을 올리고 왕의 총애를 받지만 후궁의 위치에 머무를 수밖에 없는 정빈의 욕망 역시 불가능한 것이다. 영화 〈후궁: 제왕의 첩〉의 화연(조여정 배역)의 욕망이 정빈에게는 없으니 말이다.

일부일처제와 가부장제에 기초한 한국의 질서는 여전히 탄탄하고 체제는 자신을 위협할 가능성을 차단하려 든다. 그런데 욕망을 근본적으로 제거할 수는 없기에 시민의 욕망을 거세하고 그런 자해에서 시민이 안도감을 느끼도록 만드는 건 아닐까. '어찌할 수 없는' 음란이 평온함을 깰 수 있기에 국가는 끊임없이 음란을 관리하려 드는 게 아닐까.

질서를 유지하려는 자들은 우리의 '부적절한 관계'를 비난하지만 대체 '적절한 관계'는 또 무엇일까? 맺어진 관계에서 그 누구도 사랑하지 않는 것이 '적절한 관계'일까? 그리고 따지고 보면 대부분의 부적절함은 우리가 아닌 힘을 가진 자들에게서 보이지 않는가.

|

정말 음란한 자는 누구인가?

|

이런저런 음란을 다 따져도 평범한 사람들이 쉽게 따라잡지 못할

음란 대마왕은 따로 있다. 더 많이 사랑하는 사람이 약자라며 약자 코스프레를 하지만 모든 걸 엿보고 있던 자, 윤서를 귀양 보내고 정빈을 계속 붙잡아둘 수 있는 자, 마음대로 할 수 있는 권력을 가진 자, 그 자가 바로 음란 대마왕이다. 만백성의 어버이라 자처하기에 어느 가정에나 개입할 수 있는 힘을 가진 권력이야말로 음란 대마왕 아닌가.

영화에서만이 아니라 우리는 줄기차게 현실에서 이런 권력을 경험해왔다. 박근혜 정부는 출범하자마자 이런 속성을 금방 드러냈다. 대통령의 미국 방문을 수행하는 청와대 대변인이란 작자가 대사관 인턴 직원을 성추행해 파문이 일었다. 그런 인물이 청와대 대변인이라는 자리에 오른 것도 이상하지만 사건의 처리 과정은 더 해괴하다. 정황과 진술은 분명한데 처벌은커녕 청와대는 윤창중씨를 먼저 귀국시켰고, 그는 아직도 처벌을 받지 않고 있다.

특별한 일이 아니다. 박근혜 정부 출범 당시 법무차관으로 임명되었던 김학의씨는 음란한 파티를 즐기고 성 접대를 받았다는 의혹을 받고 6일 만에 사퇴했다. 딸 같고 손녀 같아서 손가락으로 가슴을 한번 툭 찔렀다는 전前 국회의장 박희태씨는 또 어떤가?

현직 검사장인 김수창씨는 왜 바바리맨이 되었을까? 전직 검찰총장은 왜 골프장에서 일하는 노동자를 껴안고 그의 숙소로 찾아갔을까? 한국 사회에서 힘을 가진 자들은 자신의 음란함을 감추지 않는다. 정규직 전환이나 다른 이유를 빌미 삼아 인턴 직원이나 비정규직 직원이 당하는 성추행, "엉덩이를 두드리거나 배를 만진 것으로, 이는 세계적으로 인정받는 레슨 방법의 하나"라는 음대 교수 밑에서 수업을 받는 학생들도 음란한 폭력에 노출되어 있다.

이렇게 곳곳에서 고소와 고발이 이어지고 방송에서 공공연히 성추행을 당했다는 고백이 잇달아도 그 '범죄'를 저지른 이들은 처벌을 거의 받지 않는다. 법조문에 따르면 처벌을 받아야 하는데, 법을 해석하는 자들은 이를 범죄로 해석하지 않는다. 똑같이 음란해도 저들의 음란은 처벌을 받지 않는다. 왜 그럴까?

권명아씨는 『음란과 혁명』(책세상, 2013)에서 풍기문란이나 음란이 성적인 문제나 내용, 가치판단의 문제보다 정치적인 것의 구성과 관련이 있다고 주장한다. '부적절한 정념'을 규정하는 국가기구는 "한편으로는 문란이라든가 퇴폐·불량 따위의 수사를 통해 특정 집단을 법의 힘 앞에 심문하는 기능만을 하는 것이 아니라, 국가 개입의 합법적인 토대를 정초한다." 즉 풍기문란은 반反사회적인 범죄로 규정되는 건 사회적인 주체 형성이나 정치의 문제이다. 권력은 질서를 위협할 수 있는 문제 집단을 보호되어야 할 대상으로 만들고 그들의 일탈을 처벌하지만 마치 봉건 왕조 시대로 돌아간 것처럼 자신의 일탈을 그 질서 밖에 둔다.

그렇다면 대안은 뭘까? 저들의 음란함을 단죄할 수 있도록 힘을 모으고 음란의 기준을 바꾸는 것? 욕망을 거세하지 않고 그 욕망을 정치적으로 구성하고 분출하는 것? 음란한 우리들의 자유로운 만남?

|

구멍을 막아야 하나?

|

음란도 '인간'을 사유하는 관점에 따라 그 농도가 달라질 수 있다.

어떤 야동과 팬픽은 인간$_{bios}$보다 날것$_{zoe}$에 가깝다. 그런 면에서 음란함은 인간적 삶$_{bios}$으로 다스려지지 않은, 아직 우리 속에 있는 동물적 삶$_{zoe}$이라고 볼 수 있다. 이를 길들여 인간의 삶의 맞추는 것이 우리가 말하는 질서라면, 음란은 이 질서 속에 담긴 날것을 끄집어낸다. 통치 권력은 날것의 음란을 배제하지만 다른 한편으로 안전한 질서 속에 포섭하려 든다. 우리는 스스로의 욕망을 거세한 채 지배층의 음란을 관망하며 대리만족/흥분을 느끼는 건 아닐까? 욕을 할 순 있지만 그 자리를 욕망할 수 없는 주체들은 날것의 삶을 즐기지 못하고 날것의 삶을 관망한다(날것인 척하는 것이라 해도 날것이기에 위험스러운!).

내가 집에서 야동을 내려받아 보는 것과 권력층이 힘과 돈을 앞세워 성을 강요하는 것은 근본적으로 다른 상황이다. 좌절되어 스스로 거세한 욕망에 우리의 상식을 동화시키지 말고 우리의 욕망을 더욱더 적극적으로 발현시켜야 하는 게 아닐까.

영화 〈음란서생〉의 결말을 보자. 귀양을 간 윤서는 동성애를 다룬 파격적인 신작을 발표한다. 그래, 어쩌면 희망은 유순해지는 게 아니라 더 음란해지고 더 위험해지는 것일지 모른다. 빌

헬름 라이히Wilhelm Reich는 『파시즘의 대중심리』(황선길 옮김, 그린비, 2006)에서 성적인 억압이 "대중들을 수동적이고 비정치적으로 만드는 과정을 통하여 정치적 반동을 강화할 뿐만 아니라 인간의 구조 속에 2차적인 힘, 즉 권위주의적 질서를 적극적으로 지지하는 인공적인 관심을 창출해낸다"고 주장한다. 즉 "성의 억압 과정을 통해 성욕이 자연적으로 주어진 충족의 궤도를 벗어나게 되면, 그것은 다양한 종류의 대체 만족으로 나아간다"는 것이다. 그래서 "성의 억압은 경제적으로 억압 받는 인간을 자신의 구조적인 물질적 이해관계에 반反하여 행동하고, 느끼고, 생각하도록 변화시킨다." 이렇게 충족되지 않은 욕망은 가학성으로 이동하니 음란을 가로막는 정치 질서는 파시즘의 씨앗이다.

그러니 지금 우리에게 필요한 것은 노동 시계에 맞춰진 '저녁이 있는 삶'이 아니라 우리 욕망을 따르는 '음란한 삶'이다. 청와대의 헬스 기구 용도나 비서관의 나이도 국가 기밀이 되는 사회에서 우리는 지금도 너무 음란하지 못하다. 구멍으로 엿보는 자의 눈을 찌르고 〈연인〉에서처럼 손을 쓰다듬고 꼭 잡는 사랑만이 사회의 음란함을 구원할지 모른다. 영화 〈쿼 바디스〉에서처럼 파국

을 앞둔 우리가 '다른 존재'로 살아남을 가능성은 심장을 뛰게 만
드는 그 느낌을 포기하지 않는 것일지도.

지금 우리에게 필요한 것은 노동 시계에 맞춰진 '저녁이 있는 삶'이 아니라
우리 욕망을 따르는 '음란한 삶'이다. 파국을 앞둔 우리가 '다른 존재'로 살아남을 가능성은
심장을 뛰게 만드는 그 느낌을 포기하지 않는 것일지도 모른다.

사진 / 조나단 레빈. 웜 바디스(Warm Bodies). 2013.

하승우
|

어떻게 살아야 하나 방황을 하다 아나키즘을 우연히 접했다.
아나키스트를 자처하기에는 삶이 받쳐주지 못하고, 그냥 살기에는
성깔이 나쁘다. 그래서 여전히 시시한 삶을 살고 있지만, 세상의 불온한
사람들이 모여 먹고 마시며 생활하고 가끔 관아도 약탈해서 사람들과
나누는 마을, 홀로가 아니라 함께 다른 세상을 살아갈 수 있는 '양산박'을
계속 꿈꾸고 있다. '땡땡책협동조합' '풀뿌리자치연구소 이음'
'사회투자지원재단' '교육공동체 벗' 등에서 활동하며, 중심에서
멀어지는 삶을 기획하고 있다. 저서로는『풀뿌리민주주의와 아나키즘』
(2014)『공공성』(2014)『민주주의에 反하다』(2012)『모두를 위한
마을은 없다』(공저, 2014)『도시생활자의 정치백서』(공저, 2010) 등이
있고, 역서로는『아나키스트의 초상』(2004) 등이 있다.

177

삶의 부재,
그 슬픈 기억으로서의
'구멍'

박성경

1

나는 살아가며 순간순간 마음에 파문을 일으키는 '파토스의 흔적'을 그리고 있다. 고대 그리스어 paschein(받다)에서 파생된 파토스는 원래 불안이나 고통을 뜻하는 말, 즉 수난을 가리킨다. 수난은 신체의 고통을 통해 느끼게 된다. 이 밖에도 파토스는 넓게는 어떤 사물이 '받은 변화 상태'로, 좁게는 '인간의 마음이 받은 상태'를 의미한다.

내 그림을 형성하는 주된 정서는 슬픔이나 불안에 관한 기억이다. 어떤 슬픈 기억에 대한 철학적 · 예술적 관심을 통해 인간의 보편적인 삶 속에서 예기치 않게 찾아오는 삶의 특별한 순간이 만들어내는, 그리하여 오랫동안 소멸되지 않는 기억의 발생적 근거를 상징화하고자 한다. 단순히 기억을 연상하고 상징화시키는 데 그치지 않고, 억압되거나 잊힌 기억들이 한 개인의 삶에 영향을 미침으로써 궁극적으로 삶의 조건을 형성하는 것으로 나아가고자 한다.

내가 몰두하는 슬픈 기억의 흔적은 사회 · 자연과 나, 타자와 나의 사이 또는 '간격'이라고 할 수 있다. 그 간격 안에서 발생하는 순간의 이미지와 기억, 상처, 고통을 그리는 것이다. 사회체계에 대한 답답함, 자연의 힘으로부터 오는 무력감, 나와 관계 있는 누군가의 타자성他者性, 그 슬픔과 상처를 '그린다'는 행위를 통해 애도하는 것이다.

애도란 사랑하는 대상이 죽거나 혹은 사라졌을 때 그 사랑을 마음에 품고 마음껏 슬퍼하다가 흘려보내는 일이다. 그리고 지우고, 다시 그리는 행위를 통해 나는 순간의 중첩된 기억들을 하나하나 기록해나간다. 슬픔의 대상을 간직하고 슬퍼하며 쓸어내려 흘려 떠나보낸다.

180

2

나는 2009년 말부터 2012년 초까지, 일본 도쿄에서 미술을 공부하였다. 약 3년 남짓한 기간이었지만, 이 시간을 기점으로 나의 그림은 적지 않은 변화를 맞이하였다. 그것은 바로 지금까지도 회자되는 2011년 동일본 대지진 때문이었다.

일본 동일본 대지진 참사는 나에게도 커다란 충격이었다. 사실 그때까지 나에게 작업이란 개인의 향유 수준을 벗어나지 못했다. 그러나 그 사건을 기점으로 나는 미술이란 '사유'의 또다른 동의어임을 깨닫게 되었다.

동일본 대지진을 현장에서 직접 겪으며 나는 삶의 '부재'가 무엇인지 어렴풋이 알 수 있었다. 그동안 아무렇지 않게 살아온 내 삶의 영토에 '구멍'이 뚫린 듯한 기분이었다. 그 구멍을 간신히 메꾼 이후, 나는 한국으로 돌아와 그 부재의 흔적을 심리적 풍경으로 전환하는 데

몰두하였다. 삶이 부재한 어떤 흔적을 나는 '슬픈 기억' 혹은 '파토스의 흔적'이라는 단어 혹은 개념으로 설정하였고, 이후 작업의 주제로 삼기 시작하였다. '슬픈 기억'으로 상징되는 주제의 이론적 배경을 고찰하기 위해 존재의 고통과 슬픈 기억을 마르틴 하이데거Martin Heidegger와 에마뉘엘 레비나스Emmanuel Levinas의 사유로부터 발굴하고자 노력했다. 인간 존재에 관한 서로 다른 사유를 전개한 하이데거와 레비나스 사이의 경계에서 인간적 경험의 근거와 본성으로서의 기억을 탐구하고, 자기를 초탈하여 전혀 다른 곳으로 가려는 욕구, 절대 타자에 대한 갈망에 이르고자 한 것이다.

3

헤겔이 이성을 역사와 현실 속에서 다양한 문화와 제도를 산출해온 필

연의 논리로 바라보았다면, 19세기 들어 형성된 유물론은 '소외'라는 개념으로 그 한계를 드러내고자 했다. 포이어바흐는 '소외'라는 개념을 들어 '인간이 만들어낸' 신이 도리어 인간을 지배한다고 설명했고, 마르크스는 이 '소외'를 노동으로부터 가져왔다. 마르크스에 따르면 노동자는 세계를 창조하지만 정작 자신의 노동 생산물로부터 소외되고, 타인의 통제를 받음으로써 노동의 과정으로부터도 소외된다.

헤겔의 이성에서 알 수 있듯이 철학은 모든 사유에 '내부성'과 형식을 부여한다.¹ 특정한 조건과 결부된 사유로 다루기보다는 보편적이고 일반적인 것으로, 사유 자체의 내적 성질로, 혹은 인간이나 주체 자체의 보편적 양상으로 서술한다. 19세기 유물론은 그 내부성이 철학이 세계와 분리되고 이별하는 시점으로 간주하고, '외부'를 통해 사유하고자 하는 의지를 드러낸 것

으로 볼 수 있다.

하이데거가 외부와 만나는 방법은 또 다르다. 그는 인간을 '세계 내 존재'라고 정의한다. 이 세계는 하나의 통일체이며 '고향'과 같다. 인간은 타인과 구별 없는 '공동세계'에서 타인과 더불어 있는 '공동존재'이다. 그런데 이런 친숙한 세계가 무너지고, 모두들 나로부터 등을 돌리고 안이 밖이 되어버리는 경험을 하이데거는 '불안'이라고 한다. 존재자의 의미가 사라지려는 순간, 나는 그동안 망각하고 있던 존재의 목소리를 듣게 되고 목숨을 걸고 달려가 이를 '영접'하는 순간 새로운 자유를 획득한다. 역사적 운명의 부름 앞에 나를 열고 자신을 던지는 것, 거기서 조국, 민족, 대의大義라는 개념이 탄생한다.

그런데 하이데거가 훗날 나치즘에 부역한 데서 볼 수 있듯이, 이러한 대의적 윤리학은 필연적으로 누군가를 억압하게 마련이다. 그

1
이진경, 『철학의 외부』, 그린비, 2002, 5쪽.

래서 나는 여기에서 외부와 만나는 방법으로 '존재'라는 이론적 틀을 사용하되, 그 종착점을 레비나스의 '타자성'으로 향하고자 한다. 레비나스는 이성을 빛으로, 세계는 어둠 속의 수동적 대상으로 보는 서구적 이분법에 의문을 던진다. 그는 이성 또는 주체가 만물을 자기 안으로 내부화하려는 시도를 회의하고, 결코 이성으로 장악될 수 없는 외부를 사유하고자 한다. 레비나스는 이 외부에 '타자'라는 이름을 붙이고, 전체주의적 주체철학을 극복하기 위해서는 주체와 타자가 만나야 한다고 생각했다.

레비나스에게 타인이란 단순히 나 아닌 다른 사람이 아니라, 나의 인식과 나의 의지에서 벗어난 존재자이며 나를 변화시킬 존재다. 레비나스는 '가난한 자, 이방인, 과부, 고아'의 고통 받는 얼굴이 바로 타인이라고 했다. 이런 타인들을 통해 주체는 윤리적인 자기극복을 이룰 수 있다.

4

하이데거는 자신의 저서 『존재와 시간』(1927)에서 내가 다름 아닌 '여기'라는 '터'에 존재한다는 사실을 상기시키며 '사실성'이라는 개념과 존재에 내던져져 있다는 뜻의 '피투성被投性'이라는 개념으로 우리의 존재를 설명한다. 피투성(내던져져 있음)은 우리가 스스로 결정하지 않았음에도 이미 세계 속으로 우리가 던져져 있다는 것을 나타내는 말이다. 우리는 우리가 반성하여 알기 이전에 이미 하나의 세계 속에 들어선 채로 머물고, 이러한 사실은 불안과 같은 일정한 기분 속에서 뒤늦게 알려진다. 이 점에서 인간은 근본적으로 세계 속으로 피투被投된 세계-내-존재인 것이다.

하이데거는 우리가 처해 있

는 상태를 존재론적으로 지시하기 위해 '처해 있음'이라는 용어를 사용한다. '세계란 무엇인가? 나는 누구인가?'라는 근원적인 물음을 물을 수밖에 없기에 인간은 '불안'할 수밖에 없다[2]고 본다. 철학의 근본 물음인 존재의 문제를 그만큼 철저하게 파헤친 철학자가 없을 정도로 하이데거는 존재에 천착했다.

하이데거의 용어 중에서 '나는 생각한다, 나는 존재한다'라는 데카르트의 근대철학의 주체 개념과 가장 근접한 것은 바로 '인간현존재'이다. 하이데거는 플라톤, 아리스토텔레스 이래의 서구철학사는 형이상학의 역사이며, 이를 통해 진정한 존재에 대한 물음이 은폐 내지는 망각되어 왔다고 말한다. 이러한 존재 망각에서 벗어나 진정한 존재의 의미를 밝히려면 존재자 그 자체를 궁극적인 탐구 대상으로 삼았던 이전의 철학과는 달리 '어떠한 존재자가 가장 궁극적인 존재자인가?'가 아니라 '존재함 자체가 어떤 의미를 지니는가?'가 규명되어야 한다[3]고 강조한다. 다른 존재자들과 본질적으로 구별되는 인간의 독특한 존재 방식을 나타내기 위해 하이데거가 사용한 인간현존재라는 용어는 일반적으로 '현존dasein'이라고 주로 사용된다. 하이데거에게 현존재는 존재의 의미를 밝힐 수 있는 유일한 열린 공간이다.

이렇듯 하이데거가 현존재로부터 존재 의미에 대한 질문을 던진 것은 언제나 어떠한 방식으로든 존재 자체와 관계를 맺고 있는 존재자이기 때문이다. 사물과 자연 등 다른 존재자들에게서는 이러한 특성, 즉 존재라는 것을 고민하는 점을 발견할 수 없기에 현존재라는 인간으로부터 존재의 의미에 대한 물음을 제기하는 것이다.

2
김동훈, 『행복한 시지푸스의 사색 – 하이데거 존재론과 예술철학』, 마티, 2012, 86쪽.

3
같은 책, 75쪽.

하이데거는 존재자의 근본 틀, 즉 세계-내-존재의 본질적 구조들의 중심이 개시성에 있고, 이 구조 전체의 전체성은 '마음씀'으로 나타난다고 말한다. 마음씀 속에 현존재의 존재가 포괄되어 있다[4]는 것이다. 인간이 살아가는 동안 다른 존재자들과 더불어 마련과 보살핌의 관계 속에서 살아간다는 것을 직시한 하이데거는 이를 '염려'라는 존재 방식으로 설명하였다. 하이데거는 과거, 현재, 미래의 시간적 계기를 그 안에 모두 포함시켰다. 그 중 가장 근원적인 것은 자기를-앞질러-있음에 담겨 있는 미래[5]이다. 하이데거에 따르면 현존재의 실존성의 근원적 존재론적 근거는 '시간성'이다. 마음씀으로서의 '현존재의 존재'의 분절된 구조 전체성(기투, 퇴락, 피투성)은 시간성에 의거해서 비로소 실존론적으로 이해될 수 있다. 마음씀은 현존재의 구조 전체의 전체성을 형성하므로 그 마음씀은

그 존재론적 의미상, 이 존재의 '가능한 전체 존재'와는 분명히 모순된다. 마음씀의 일차적 계기, 즉 자기를 앞지름(기투)은 '현존재는 그때마다 자기 자신을 궁극 목적으로 해서 실존한다'는 것을 의미한다. 현존재가 존재하는 동안 그는 종말에 이를 때까지 자신의 존재 가능에 대해 태도를 취한다. 자기 앞에 아무것도 가진 바 없고, 또 자기의 결산을 끝마쳤을 때에도 그가 아직 실존한다면, 그의 존재는 여전히 자기를 앞지름에 의해 규정된다.

마음씀의 이 구조가 의미하는 것은 현존재에게는 언제나 자기 자신의 존재 가능으로서 아직 실현되지 않은 어떤 것이 여전히 미제未濟로 남아 있다는 것이다. 따라서 현존재의 근본 틀의 본질에는 부단한 미완결성이 있다. 인간은 살아 있는 동

4
마르틴 하이데거, 소광희 옮김, 『존재와 시간』, 경문사, 1995, 333쪽.

5
김동훈, 『행복한 시지푸스의 사색-하이데거 존재론과 예술철학』, 마티, 2012, 92쪽.

안 언제나 미래를 계획하고 미래를 향하여 자신을 투사하는 존재자이며, 그래서 언제나 미완성의 존재자다. 인간 존재의 본질적 특징은 앞에서 설명한 대로 '지속적인 미완결성'이다. 죽음이라는, 삶의 완성 때까지 이 과정은 계속 반복된다. 그런데 아이러니컬하게도 죽음을 통한 삶의 완성은 곧 존재의 소멸을 뜻한다. 죽음은 본인이 아닌 다른 사람이 대신 해줄 수 없기 때문이다. 우리가 죽음 앞에서 불안해하는 것은 그래서이다. 불안을 통하여 접하게 되는 무無가 우리 존재의 소멸인 죽음을 의미하기 때문이다.

그러나 하이데거에게 죽음은 오히려 그것을 향해 적극적으로 나아가야 하는 현존재의 완성이다. 그는 죽음을 통해서만 인간은 자신의 모든 의미와 가치를 궁극적으로 실현할 수 있다고 말한다. 자기 자신의 진정한 존재 의미를 파악하기를 갈망하는 현존재는 자신의 죽음을

사유하는 것으로부터 도피해서는 안 된다. 참된 존재자이기 위해서는 자신의 궁극적 존재 가능성인 죽음을 향하여 자신을 던지는 결단을 해야 한다.

이와 같이 불안을 향한 용기가 현존재로 하여금 죽음을 피하지 않고 대면하게 해준다고 하이데거는 보았다. 그렇다면 죽음을 향해 존재한다는 것은 무엇을 의미하는 것일까? 하이데거가 말하는 진정한 의미의 죽음을 향한 존재는 가능성으로서의 죽음으로 미리 달려가 봄이다. 자기를-앞질러-있음이 인간의 가장 근원적인 존재 방식이라고 앞에서 살폈듯이, 자기를 앞질러 존재하는 것에는 어떤 한계가 따른다. 인간은 언젠가 죽고 마는 유한한 존재자이기에 죽음을 넘어서 자신을 앞질러 갈 수 없기 때문이다. 그렇기에 죽음으로 미리 달려가 본다는 것은 인간에게 주어진 가장 극단적 가능성과 마주한다는 것이다. 우리

186

가 죽음을 생각한다는 것은 자신의 존재 의미에 대해 집중하게 만드는 계기를 안겨준다. 이를 통해 인간은 죽음을 회피하지 않고 오히려 그것에 대해 자유롭게 되는 것이다.

이처럼 언젠가 죽게 된다는 위협을 그대로 느끼고 받아들일 수 있게 하는 마음이 '불안'이다. 불안의 대상은 무이고, 그 궁극적인 형태는 죽음이다. 하이데거식으로 표현하자면 "죽음을 향한 존재는 본질적으로 불안이다."[6] 물론 불안이라는 통로를 통해 죽음을 향해 미리 달려간다고 해서 세계와의 관계가 끊어지는 것은 아니다. 이렇게 불안을 통하여 드러난 자신의 가장 고유한 가능성을 향하여 자신을 기획 투사하는 행위를 하이데거는 앞서 달려가 보는 '결단'이라고 불렀다. 가장 근원적인 현존재의 존재 방식은 죽음을 향한 존재이며, 미리 달려가 봄은 그 가능성을 밝혀주는 것이다. '결단'은 미리 달려가 보는 것을 통해 현존재에게 가장 고유한 존재를 향한 근원적 존재 방식이 된다. 죽음을 향하여 미리 달려가 보는 결단, 가장 근원적인 인간 현존재의 존재 방식은 여기에 있다.

5

서구 철학사에서 존재의 의미를 물을 때 하이데거와 함께 논의되는 이로 레비나스를 빼놓을 수 없다. 레비나스는 하이데거와 마찬가지로, 존재라는 벽에 갇혀 있다는 존재론적 사실에서 비롯되는 존재의 고통에서 철학적 논의를 시작한다.

하지만 레비나스의 존재의 고통은 하이데거의 그것과 달라서, 하이데거가 존재가 내 자유를 제한한다는 사실 때문에 고통스러워하는 반면, 레비나스는 내 자유가 무한정 증대된다 할지라도 결코 존재에서 벗어날 수 없다는 사실로 인해

6
김동훈, 『행복한 시지푸스의 사색-하이데거 존재론과 예술철학』, 마티, 2012, 97쪽.

고통스러워한다는 차이가 있다. 그리고 이는 레비나스가 유대인이라는 자기 존재를 벗어날 길이 없다는 것, 나아가 내가 나 자신으로 존재한다는 사실이 갖는 근원적인 고통이라는 결정적 차이를 갖고 있다는 것으로 설명할 수 있다.

제2차세계대전을 겪는 동안 레비나스는 전쟁은 전체주의적인 것이고, 이는 하나의 이념으로 모든 것을 통일하고 포괄하고자 하는 서양철학과 무관하지 않다는 것을 깨달았다. '존재의 진리'에 인간을 종속시키고자 했던 하이데거의 철학이 전체성의 이념에 의해 주도되는 철학[7]이라고 보면서 반대의 입장을 피력하게 된 것도 이때부터다. 이후 레비나스는 전체성의 철학, 전쟁의 철학에 대항해서 무엇으로도 환원될 수 없는 개인의 인격적 가치와 타자에 대한 책임을 강조하게 된다.

레비나스는 저서 『시간과 타자』(1979)에서 미리 주어진 타자와의 관계 속에서 고독에 접근하고자 하는 하이데거의 입장을 처음부터 거부한다. 하이데거는 타인과의 관계를 현존재의 존재론적 구조로 설정하는데, 실제로는 이 관계가 존재 드라마나 실존 분석론에서 아무런 역할을 하지 않는다는 것이다. 하이데거가 『존재와 시간』에서 일상적 삶의 비개인성(비인격성)을 분석하거나 홀로 있게 된 현존재를 분석했지만, 고독이 지닌 비극적 성격은 죽음이 강조하고 있는 타인의 상실이나 무無에서 기인하는 것만은 아니라는 게 레비나스의 입장이다.

레비나스가 하이데거와 반대의 입장을 개진하는 데에는 홀로 있는 존재로 성립된 주체가 타자와 관계할 수 있는 방법이 무엇인가 하는 것을 해명하고자 했기 때문이다. 고독의 존재론적 뿌리를 찾아봄으로써 고독을 어떻게 벗어날 수 있는가 하는 것을 살펴보고자 한 것이다. 레비나스는 '존재'라는 사건은 자동

7
에마뉘엘 레비나스, 강영안 옮김, 『시간과 타자』, 문예출판사, 1996, 120쪽.

사적임을 강조한다. 우리가 존재하는 것들, 사물들과 관계를 유지하고 있고, 타자와 함께 존재하고 있지만 근원적으로 나는 타자가 아니라는 것이다. 나는 완전히 혼자라는 것, 그러므로 내 안에서의 존재, 내가 존재한다는 사실, 나의 존재함은 어떤 지향성도 어떤 관계도 없는 절대적으로 자동사적인 요소를 구성한다[8]는 것이 레비나스의 생각이다. 고독은 존재자들이 있다는 사실, 그 자체에 있다는 것이다.

레비나스에 따르면 존재는 존재하지 않고, 존재하는 것은 존재자일 뿐이다. 모든 사물의 부재는 현존으로 돌아간다. 그에게 고독이란 존재자와 존재 사이의 뗄 수 없는 일체성으로, 고독은 타인과의 관계를 전혀 전제할 필요가 없다. 고독은 홀로서기의 작업으로, 존재자의 일체성 자체이며, 존재 안에서 그 존재로부터 어떤 형식을 얻는 존재자가 있다는 사실이다. 주체는 하나이기 때문에 홀로 있다. 존재자가 존재하려면 고독이 있어야 한다. 고독은 물질로 가득 찬 일상적 삶의 동반자다.

레비나스는 여기에서 좀더 나아가 아픔과 괴로움과 고통 속에서 고독의 비극을 형성하는 결정적 요소를 가장 순수한 모습으로 다시 보게 된다. 여기에서도 그는 하이데거와는 반대의 입장으로, 욕구와 노동의 괴로움에서 고독을 분석해야지 무에 대한 불안에서 고독을 분석해서는 안 된다고 강조한다. 그리고 자신이 말하는 고통은 실존에의 참여에 대해서 어떤 오해도 일어날 수 없는 신체적 괴로움이라고 말한다.

레비나스에게 고통이란 존재자가 자신의 고독을 완전히 실현하는 사건이다. 자기 자신과의 관계가 어느 정도 강한지, 자신이 누구임을 결정해주는 요소가 무엇인지 하는 것을 존재자는 고통을 통해 체험한다. 그러나 자신이 수용할 수 없는

8
에마뉘엘 레비나스, 강영안 옮김, 『시간과 타자』,
문예출판사, 1996, 34쪽.

사건, 그것에 대해서 단지 수동적일 수밖에 없는, 전적으로 다른, 더이상 아무것도 할 수 없는, 그러한 사건과 관계하고 있다는 사실을 존재자는 고통을 통해서 인식한다. 죽음의 미래는 우리에게 미래를 규정해준다.

레비나스에 따르면 사유는 이별을 겪었을 때, 폭력적 장면을 목격했을 때, 시간의 단조로움을 갑작스럽게 의식하게 되었을 때 시작[9]된다. 도무지 형언할 길이 없는 충격들이 하나의 문제가 되고 사유거리가 되는 순간 인간은 '독서'를 하게 된다고 말한다. 인간다운 삶이 무엇인지 증언함으로써 현실 속에 참된 삶이 부재함을 고발하는 독서라는 행위를 통해 삶의 고통에서 벗어날 수 있도록 해주는 형이상학적 도약과 동시에 현실을 굽어보게 해주는 초월적 비상을 이룰 수 있다는 것이다.

레비나스의 사유를 굳이 말하지 않더라도 인간 주체를 어떻게 규정할 것인가 하는 것은 현대철학과 예술의 주요한 쟁점 가운데 하나였다. 그중에서도 레비나스는 서양의 자아 중심적 철학에 대해 신랄한 비판을 가한다. 대신 그는 서양의 자아 중심적 철학에 대립해서 다른 이의 존재를 존경하고 다른 이와 함께하는 '타자성의 철학' 또는 '평화의 철학'을 대안으로 제안한다. 여기에는 전통철학이 경시한 쾌락과 신체성, 노동과 거주, 여자와 아이의 존재, 고통의 문제들이 중요하게 다루어진다.

레비나스에게 인간이란 타인과 윤리적, 사회적 관계를 맺는 정신적 존재이다. 그러나 인간이 정신적 존재임을 알 수 있는 것은 신체를 통해 실현된다. 신체를 통해 체험하는 존재 무의미, 즉 잠과 불면은 인간이 단순히 물질적 존재가 아니라 의미를 탐색하고 지향하는 정신적 존재임을 보여주는 증거라고 그는 강조한다.

레비나스를 논할 때 빠질 수

9
철학아카데미, 『처음 읽는 프랑스 현대철학』, 동녘, 2013, 85쪽.

없는 것으로 '타자他者'가 있다. 이를 설명하기 위해서는 먼저 '향유'라는 개념을 설명해야 한다. 레비나스는 가장 원초적인 의미의 주체성은 향유를 통해 형성된다고 말한다. 자연을 중심으로 하는 삶의 요소로서 세계를 향유하고 즐기는 가운데 인간은 '자기성'의 영역을 확보한다는 것이다. 여기에 거주와 노동을 통해 삶의 지속성과 안전성을 확보할 때 인간의 주체성은 세계를 소유하고 지배하고 무한히 확장하려는 욕망, 즉 전체화에 대한 욕망을 보여준다고 경계한다. 결국 인간의 주체성은 본질적으로 이기적이고 자신의 삶에만 관심을 갖기 때문에 근본적으로 초월이 불가능하다고 본 것이다.

그러므로 레비나스는 타자와의 윤리적 관계를 통해 얻어지는 주체성을 강조한다. 이때의 타자는 나와 똑같은 위치에 있지 않은 자로, 내가 어떠한 수단을 통해서도 지배할 수 없는, 즉 나로 환원할 수 없는[10] 존재이다. 레비나스는 타자가 출현한다고 해서 주체성, 즉 '자기성' 혹은 '내재성'은 상실되지 않는다는 것을 분명히 한다. 타자를 받아들이는 나는 다른 주체가 아니라 세계를 즐기고 거주하며 노동하는 주체이다. 주체가 타자의 출현을 통해서 이기적인 욕망을 포기하고 타자를 염두에 두고 세상을 살아간다는 것, 레비나스의 생각은 다분히 이상적인 부분이 있는 것이 사실이다. 레비나스 역시 이 점을 의식해 타자의 얼굴의 현현으로 나에게 '형이상학적 욕망'이 창조되고 이 욕망으로 인해 인간은 이성적 존재가 된다고 분명히 말한다. 그리고 이는 모두가 이기적인 욕망을 위해 앞만 보고 달려가는 오늘날, 비록 낭만적이고 이상적일지라도 예술에 종사하는 우리가 스스로에게 던져야 할 물음일 것이다.

10
에마뉘엘 레비나스, 강영안 옮김, 『시간과 타자』, 문예출판사, 1996, 150쪽.

6

2014년 4월 16일 세월호世越號가 전남 진도군 해상에서 침몰했다. 청해진해운이 소유하고 있으며, 2013년 1월 15일부터 인천과 제주를 잇는 항로에 투입돼 주 4회 왕복 운항하다 침몰한 세월호는 거대한 참극으로 머물지 않고 우리에게 영원히 생각할 문제를 안겨주었다. 그날 이후 대한민국은 행복 강박을 버리고 비극을 삶 속으로 포함시켰다. 세월호는 앞으로 오랫동안, 아니 영원히 2010년대 대한민국의 어떤 증상을 설명하는 상징이 될 것이다.

사실 나는 여느 이십대와 마찬가지로 사회적 현실에 큰 관심이 없었다. 역사와 현실 인식을 강조하는 기성세대의 충고도 나와는 무관한 일이라 생각했다. 나에게 그림이란 어떤 형상의 느낌을 재현하는 공간에 지나지 않았다. 그러나 세월호로 상징되는 우리 시대의 비극 앞에서 많은 것이 바뀌었다. 세월호는 나의 눈을 뜨게 해주는 사건, 세계 안의 평균적인 가시성이라는 맹인의 안대를 풀고 근본적인 것을 향해 시야를 열어주는 사건[11]이었다. 그것은 바로 내가 알지 못했던 '미술'이었다. 2011년 동일본 대지진, 2014년 세월호 등 내가 직간접적으로 겪어야만 했던 고통과 상처를 그림으로 담고 싶었다. 몸은 회복되지만, 아픔에 대한 경험은 남아 있다, 상처를 치료할 수 있지만 그 상처의 본질은 치료할 수 없다[12]는 모리스 블랑쇼의 고백이 무엇을 의미하는지 알 수 있었던 시간이었다.

블랑쇼가 세상을 이해하고 다가가는 주요 키워드이자 통로는 바로 '병'이었다. 삶의 고통과 피곤이 블랑쇼의 사상과 글에 막대한 영향을 미쳤다. 블랑쇼를 논하는 데 있어 중요한 것은 그가 자신의 병으로부

[11]
서동욱 엮음, 『미술은 철학의 눈이다』, 문학과지성사, 2014, 6쪽.

[12]
철학아카데미, 『처음 읽는 프랑스 현대철학』, 동녘, 2013, 121쪽.

터 기인하는 고통과 아픔의 연약함 속에서 어떤 움직임, 희망은 아니지만 그렇다고 절망도 아닌 어떤 역동성이 있었다는 것이다.

2011년 동일본 대지진의 참사와 이후 지속되는 원자력의 공포 속에서 그곳에서 공부하던 나는 무조건적인 도피를 선택했다. 그 속에서 앞만 보고 달려온 인류 문명을 반성하지도, 삶과 죽음을 사유하지 않았다. 그저 고통의 현장으로부터 도피하고 싶다는 바람뿐이었다. 그러나 블랑쇼의 사유는 이와 달라서, 그는 나약하되 나약하지 않은, 강인하지 않되 강인한 상태를 철학적 주제로 삼았다. '중성le neutre', 즉 있으면서 없고, 없으면서 있는, 있다고 할 수 없고, 없다고 할 수 없는 사유를 만들어낸 것이다. 자신을 둘러싼, 자신이 발을 딛고 서 있는 현실이 비록 불분명한 상태이지만, 그것을 그대로 받아들이는 긍정 속에서 역동적인 중성이 솟아난다고 믿은

것이다.

나는 블랑쇼의 사유를 공부하면서 그에게서 연상되는 개념에 관심을 갖게 되었다. 죽음, 고독, 낯섦, 바깥, 불가능, 밤, 불안, 부재, 결여, 재난, 우회, 중단, 어둠, 타자, 부분, 단편 등 전체적으로 부정적으로 다가오는 개념을 역동적으로 받아들이기로 했다. 그리하여 블랑쇼가 그 개념들을 역동적인 중성의 지점에 끌어들여 개념화라는 철학적 작업이 아닌 '글쓰기'라는 작업을 통하여 자신의 생각을 정리했듯이, '그리기'라는 작업을 통해 나의 생각을 정리하기로 했다. 동일본 대지진과 방사능, 세월호 등 나에게 공포와 충격으로 다가온 일련의 비극을 소극적으로 슬퍼하는 데 머물지 않고 그 비극이 왜 생겨났는지 따져 묻고, 그 비극의 참상을 최선을 다해 겪기로 했다. 그 겪음을 죽음, 고독, 어둠, 부재, 불안, 타자, 부분 등의 어떤 개념으로 형상화시켜나가

기로 했다.

7

언제부터인가 '상처'라는 말이 횡행하고 있다. '아프니까 청춘이다' 등 상처는 출판과 대중문화의 '흥행'을 이끄는 브랜드가 되었다. 그러나 동시대 대중문화에서 상처를 감정의 문제로 바라보는 데 반해, 나는 상처의 '처處', 즉 파토스의 흔적이라는 '장소성'에 주목한다. 우리가 흔히 상처 받았다, 상처 입었다고 고통을 토로할 때의 상처는 몸에 있는 어떤 곳, 장소를 뜻한다. 일반적으로 몸에 있는 어떤 곳으로서의 상처가 사라지는 경우는 아픔傷 자체가 없어지는 것과 아픔이 너무 커서 그 부위處 세포가 죽어버리는 것, 두 가지로 설명된다.[13] 두 가지 중 어떤 경우라도 내 몸의 일부를 이루었던 '사람'은 상실'감', 느낌으로 대체된

다. 즉, 오늘날 예술의 여러 영역에서 회자되는 상처라는 감정은 상처라는 몸의 기억이 아닌, 상실'감'이라고 정정해서 설명해야 할 것이다. 오늘날 상처를 소재로 삼는 (대중)문화들이 영속적이지 않은 까닭은 여기에 있다. 상처라는 일시적인 감정의 현상, 그것을 임시방편적으로 치유하는 처방에 주력한 나머지 상처가 우리 몸의 '어디'에 생겨났는지, 그것이 어떤 흉터로 남아 몸의 기억으로 영속하는지 주의 깊게 바라보지 않는 것이다.

누군가의 죽음은 우리가 다시는 그 사람과 함께했던 과거로 돌아갈 수 없다는 것을 뜻한다. 여성학자 엘리자베스 그로츠Elizabeth Grosz는 저서 『뫼비우스 띠로서 몸』에서 이러한 현상을 '유령 팔다리'라는 고유한 표현으로 설명한다. 그로츠에게 유령 팔다리는 없는 신체 부위가 아픈 상태를 말한다. 주로 절단한 팔다리, 즉 존재하지 않는 사지

가 아프고, 가렵고, 여전히 붙어 있는 느낌의 이 고통스러운 현상은 외과 수술을 경험한 환자의 80퍼센트 이상이 호소하는 증상이라고 한다. 1551년 프랑스의 외과 의사 앙브루아즈 파레Ambroise Paré가 처음 기록했고, 1871년 미국의 신경학자 위어 미첼이 이를 '환상사지'라는 용어로 명명했다.[14]

죽음이란 인간이라는 존재가 피해갈 수 없는 영원하고 완벽하고 절대적인 사건이다. 유령 팔다리는 살점이 떨어져나가는 과정의 고통이다. 2014년 4월 16일 세월호의 고통이 이렇게 강하고 깊은 고통의 상처로 남을 수밖에 없는 것도 그래서이다.

나는 동일본 대지진, 세월호 등 동시대인들이 살아가는 공적인 시간과 그 속에서 나만의 사적인 시간의 합일 속에서 생성되는 어떤 '인간적인 시간'을 그리고자 한다. 동시대 미술작가로 살아가는 내가

보고, 듣고, 느낄 수 있는 어떤 시간을 슬픈 기억이라는 통로를 통해 재현하고자 한다. 목탄과 흑연을 오랫동안 반복해서 덧입히는 과정을 통해 과거의 고통이 현재의 상처로 자리잡아 영원히 사라지지 않는다는 것을 조형적으로 해석하고자 한다. 덧입힘의 과정, 즉 상처를 슬픈 기억의 흔적으로 인식하는 시간을 통해 나의 (무)의식에 잠재된 고통의 경험은 영구히 순수기억으로 남을 것이다.

8

2014년 4월 16일, 세월호의 비극 이후 우리는 일상의 삶이 불가능할 정도로 슬픔에 빠지고 말았다. 충분히 구할 수 있는 이들을 죽어가도록 내버려두었다는 사실에 고통스러워했다. 그들이 죽어가는 긴 시간 동안 아무것도 할 수 없을 만큼 이 엉망

14
엘리자베스 그로츠, 임옥희 옮김, 『뫼비우스 띠로서 몸』, 여이연, 2001, 164쪽.

진창인 시스템을 방치한 우리 자신에 대한 수치심 때문에 몸서리[15] 쳐졌다.

소설가 박민규는 세월호는 타서는 안 될 배였다[16]고 잘라 말한다. 세월호의 비극은 어른들이 만들어낸 인재였다. 그런데도 대한민국의 어른들은 바뀌지 않았다. 누군가의 말처럼 국가가 국민을 구조하지 않은 것은 사고가 아니라 '사건'이다.[17]

세월호 이후 나는 조금은 '다른' 사람으로 살게 되었다. 시대라는 것에 대해, 역사라는 것에 대해, 타인의 고통에 대해 무심했던 나는 비로소 슬픔의 정체를 알 수 있었다. 2014년 4월 16일 이후 나의 그림은 다른 방향으로 흘러만 갔다. 어떤 의도도, 어떤 목적도 없이 그려도 어둡게 가라앉고 있었다. 하얀 종이에 목탄과 흑연으로 그리고 문지르는 과정이 쌓여갈수록 그림은 서서히 가라앉고 있었다. 나는 어떤 슬픔을 그리고 있었다. 지각으로 느끼는 슬픔이 아닌, 온몸으로 견뎌야 하는 슬픔을 겪은 후에 찾아온 변화였다. 분명한 것은 그날 이후, 단순

[15]
진은영, 「우리의 연민은 정오의 그림자처럼 짧고, 우리의 수치심은 자정의 그림자처럼 길다」, 《문학동네》 2014년 가을, 417쪽.

[16]
박민규, 「눈먼 자들의 국가」, 《문학동네》 2014년 가을, 426쪽. "일본에서 18년이나 운항된 낡은 배였고, 무분별한 규제 완화를 통해 수입된 선박이었기 때문이다. 수리는 늘 땜빵으로 이루어졌고 무리한 개조와 증축이 배의 무게중심을 높여놓았다. 더 많은 화물을 싣기 위해 배의 균형에 절대적 영향을 미치는 평형수가 상당량 빠져 있었다. 선장은 비정규직이었고 일등 항해사와 조기장은 출항 전날 채용된 직원이었다. (중략) 안개가 많이 낀 밤이었다. 다른 여객선의 출항이 모두 취소된 상황에서 그날 밤 인천항을 출발한 배도 세월호가 유일했다. 다음날 배는 침몰했다."

[17]
박민규, 「눈먼 자들의 국가」, 《문학동네》 2014년 가을, 433쪽. 경기도 안산 등에서 가족의 비보를 듣고 진도 팽목항으로 달려온 수백 명의 가족들 앞에서도 해경은 구조를 하지 않았다. 그사이 언론은 에어포켓을 들먹이며 정부가 구조에 전력하고 있다고 보도했다. 거짓말이었다. 대통령의 눈물은 때마침 6.4 지방선거를 앞두고 흘러나왔다. 거짓말처럼 여당이 선거에서 이겼다. 그리고 이후 세월호는 배를 삼킨 바다처럼 잠잠해졌다. 사고 당일 대통령이 7시간 동안 청와대를 비웠지만 우리는 아직도 그 이유를 모르고 있다. 국민을 지키고 구해야 할 국가도 당연히 없었다. 그리고 세월호는 보상과 특별법을 놓고 싸워야 할 '사고'가 되고 말았다.

한 연민이 아닌, 진짜 슬픔을 내 '몸'이 기억한다는 것이다. 그 슬픔을 '기억'하기 위해 그림을 그리게 되었다.

〈그 자리에서〉 시리즈는 세월호 사고의 슬픔을 그린 작업이다. 그들의 고통을 매일같이 미디어를 통해 접하면서도 내가 할 수 있는 것이라고는 아무것도 없는 답답함, 하루 끼니를 굶는다고 해결되지 않는 막막함이었는데, 그것을 그리고 싶었다. 〈그 자리에서〉의 점들은 동일한 위치에 놓여 있다. 그러나 어떤 화면에서는 커다랗게 부풀고, 어떤 화면에서는 작게 오므라든다. 그 사이와 사이에서 나오는 점과 선들 역시 일정하지 않다. 점과 선은 더이상 확장되지 못하고, 다른 점을 만나 끊기기도 하고, 다른 밀도와 색으로 변화한다. 우리가 무엇을 말할 때, 어떤 때에는 많은 사람들에게 전달되지만, 똑같은 장소에서 똑같은 사람이 똑같은 이야기를 해도 전혀 소통되지

않을 때가 있는데, 그 경험을 그림으로 그려보고자 했다. 한 점이 또 다른 한 점을 만나 확산되고, 만남으로써 변형되는 모습에서 우리 사회의 불규칙한 소통의 간격을 보여주고자 했다.

어느새 시간은 흘러, 세월호에 대한 우리의 감각도 무뎌지고 있다. 비록 작고 보잘 것 없는 '그리기'라는 행위일지라도 나는 작업을 통해 2014년 4월 16일, 그 아팠던 순간을 기억하고자 한다. 그리기라는 행위를 통해 내 안의 상처를 다시 되새기려 한다. 지금 이 순간도 차디찬 바다에 잠겨 아무 말도 하지 못하는 아이들을 다시 기억해내고자 한다.

9

나는 2009년 말부터 2012년 초까지 일본 도쿄에서 미술을 공부하였다.

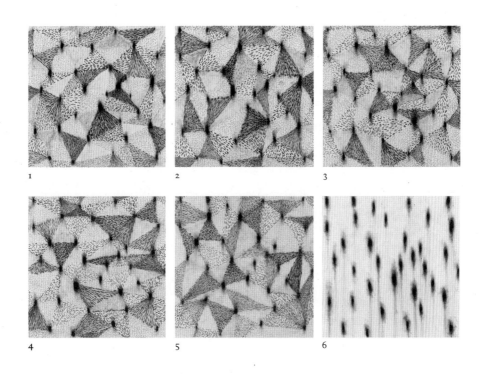

2014년 4월 16일 이후 모든 것이 다른 방향으로 흘러갔다. 지각으로 느끼는 슬픔이 아닌,

온몸으로 견뎌야 하는 슬픔을 겪은 후에 찾아온 변화였다. 단순한 연민이 아닌,

진짜 슬픔을 '몸'이 기억하게 되었다. 그 슬픔을 '기억'하기 위해 그림을 그리게 되었다.

그림 / 박성경. 그 자리에서 1~6. 장지에 혼합재료. 60×60cm. 2014

약 3년 남짓한 기간이지만, 이 시간을 기점으로 나의 작업은 적지 않은 변화를 맞이하였다. 그것은 지금까지도 회자되는 2011년 동일본 대지진 때문이다. 2011년 3월 11일 일본 동북 지방 태평양지진은 일본의 관측 사상 최대의 모멘트 규모 9.0을 기록했다. 일본의 모든 터는 뒤흔들리고 쓰러졌다. 교통과 통신은 마비되고 피해자는 셀 수 없었으며 온전한 안식처를 뒤로하고 수많은 사람들이 피난을 해야 했다.

예로부터 일본은 끊임없이 지진을 맞이해야 했던 나쁜 장소[18]였다. 그러나 동일본 대지진이 여타 자연재해와 가장 달랐던 점은 대규모 원자력 사고가 발생했다는 것이다. 거대한 지진해일이 덮치면서 후쿠시마 원자력발전소에 문제가 생겼다. 전기 공급 중단으로 냉각수 공급에 차질이 생기자 원자로의 수소 폭발로 이어졌다. 결국 방사능 누출이 시작되었고, 일본은 물론 전 세계가 방사능의 공포에 떨게 되었다.

그때까지 나에게 작업이란 개인의 취미와 향유 수준을 벗어나지 못했다. 미술대학을 다니고 있었지만 미술을 '도구'로 삼는 수준에 머물렀다. 그러나 이 사건을 기점으로 나는 사유하기 시작했다. 아파하는 일본과 나 사이에서, 나는 지금 이 자리에서 무엇을 해야 하는가에 대한 고민에 휩싸였다. 나는 일본을 좋아하고 일본이라는 나라를 택하였지만 어쩔 수 없이 일본인은 아니었다. 그들의 아픔에 마음은 아팠지만, 외국인인 내가 당장 나서서 해결할 수 있는 일은 없었다. 나는 그 집단에 속해 있는 가해자임과 동시에 방사능을 직접적으로 받을 수밖에 없는 피해자였다. 그 간극에서 오는 아픔, 이 상황을 어떻게 손쓸 수 없는 고통, 그 자리에서 도망칠 수밖에 없는 무력함이 지금도 생생하다.

〈간다〉 시리즈는 이러한 무

18
사와라기 노이, 김정복 옮김, 『일본·현대·미술』, 두성북스, 2012, 43쪽.

력감을 표현하였다. 땅이 갈라져 간극이 벌어지듯 일본에 소속되어 있다고 믿었던 내가 자연재해를 통해 다시 한번 외국인이라는 입지를 확인하게 되는 순간을 그렸다. 자연이라는 거대한 존재와 그 앞에서 아무것도 할 수 없는 나라는 존재에게서 오는 실망감, 손쓸 새도 없이 순식간에 일본을 파국으로 밀어넣은 자연처럼 회오리같이 몰려드는 이 바람은 잿더미처럼 흩날리고 흩날려 나를 삼키고 일본을 삼켰다. 이 작업과 함께 나는 자연에 대한 나의 무력감을, 방사능과 지진에 아파할 사람들에 대한 안타까움을, 그들을 등지고 떠나온 죄의식을 마음속에 새기고 싶었다. 그리고 지금, 그 모두에게 용서를 빈다.

10

나의 작업은 동양화에 모태를 두고 있다. 오늘날 동양화는 변화의 길목에 서 있다. 전통적으로 내려오는 대상과 지필묵연紙筆墨硯으로 상징되는 재료, 표현 방식 등 모든 영역에서 현대적 실험이라는 과제를 떠안고 있다. 이는 동양화만의 문제는 아니어서, 오늘날 미술이라는 이름으로 행해지는 모든 미학적 활동은 컨템퍼러리 아트contemporary art라는 '동시대'[19]의 맥락을 담는 것에 소홀히 해서는 안 된다.

　나는 동시대를 살아가며 동양화의 미학을 고민해야 하는 상황에 처해 있다. 목탄과 흑연 등 동양화의 재료적인 측면을 현대적으로 해석하면서 동시대의 특징으로 해석되는 고통과 상처라는 감정을 담

19
안규철, 「컨템포러리 템포러리 아트」, 《아트인컬처》 2013년 2월, 132~133쪽. 안규철은 '컨템포러리'라는 단어가 '템포tempo'를 어근으로 한다는 사실에 주목한다. 이것은 미술에 대한 생각의 근본적인 변화를 드러내는 것으로, 이제 미술은 시대를 초월해서 영원한 것이 아니라, 특정한 시대에 한정된다는 것을 뜻한다고 강조한다. 미술이 생산하는 가치는 이제까지 우리가 믿어온 것처럼 영속적인 것이 아니라, 시대와 함께 소비되고 소멸하고 다른 것으로 대체된다는 것이다. 이제 동시대 미술을 하는 작가들은 작가도, 작품도, 미술사조도 시대와 함께con- 한시적으로temporary 머물다 사라지는 것을 받아들여야 한다는 것이다.

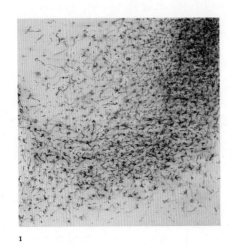

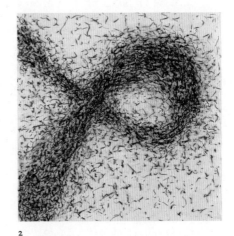

1

2

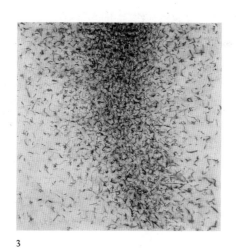

3

2011년 3월 11일 동일본 대지진 이후 미술은 취미와 향유의 도구가 아닌
'사유'하는 태도로 바뀌었다. 자연이라는 거대한 존재와 그 앞에서 아무것도 할 수 없는
무력감, 방사능과 지진에 노출된 사람들에 대한 안타까움, 그들을 등지고 떠나온
죄의식을 마음속에 새기게 되었다.

그림 / 박성경. 간다 1~3. 장지에 혼합재료. 60×60cm. 2014.

고자 노력하고 있다. 동양화의 전통적 가치를 잊지 않되, 동양화의 전통적 형식에 매몰되지 않는 것, 거대한 시대적 담론에 파묻혀 동시대를 살아가는 개인의 삶을 놓치는 우를 범하지 않는 것, 그리하여 시대와 개인, 동양과 서양의 융합의 흐름 속에서 '경계'[20] 개념을 핵심 문제로 삼는 것이 바로 동시대 미술현장을 살아가는 연구자가 풀어가야 할 과제일 것이다.

이전 세대와 다른 세계관, 개념, 매체, 방법론을 실험하는 시도도 중요하다. 유럽과 미국이 '생산하는' 현재성을 돌아보고, 서구가 만들어 놓은 체제의 기반 위에서 유지된 한국의 동시대 미술의 역사를 반성하며, '결핍'을 통해 끊임없이 '다른 것 alternativity'을 생산[21]하는 것으로 시작해야 할 것이다. 2000년대 한국미술

의 동시대성을 규정지었던 많은 제도적 장치들로부터 '자율성'과 '자발성'을 획득해야 할 것이다.

나는 2000년대 말에 이르러서 개인의 네트워크와 커뮤니티들이 자발적으로 만들어내는 프로젝트와 출판물이 기존의 동시대성을 대치하는 것에 관심을 갖고 있다. 겉으로 보기엔 국공립 미술관 제도와 대형 컨템퍼러리 뮤지엄, 권력화된 대안공간이 동시대 미술을 주도하는 듯 보이지만, 미술 생산이 실질적으로 이루어지는 장소는 우발적이고, 비주류적인, 비제도권 공간 내의 '자율적' 기획인 경우가 많았다는 것에 주목한다.

나와 같은 젊은 작가들이 기존의 전시 및 미술제도와 '다른' 것에 관심을 두는 것처럼 나의 작업역시 미술의 고유한 가치를 탐색하되 '다른' 아름다움을 만들어내는 데 주력하고자 한다. 그 '다른' 것은 충만하게 채워져 자신이 서 있는 곳

20
장치천 지음, 신정근·안인환·송인재 옮김, 『중국현대미학사』, 성균관대학교 출판부, 2012, 36쪽.

21
유진상, 「다가올 미래의 '지금'을 위하여」, 《아트인컬처》 2013년 2월, 144~147쪽.

이 중심이라고 믿는 기존의 미술 제도가 아닌, 스스로 서 있어야 할 곳을 자신이 결단하고 결정하는 '자율성'에 있을 것이다. 모두가 성공을 외칠 때 그 뒤안길에서 힘겨워하는 이들을 돌아보는 시선과 다독임에 있을 것이다. 세상은 우리가 생각하는 것보다 너무도 큰 슬픔에 쌓여 있다는 치열한 현실 인식에 있을 것이다. 그림을 그리는 자들은 늘 다른 이와 '다른' 그림을 그리고자 한다. 그러나 우리가 기존에 가치를 부여해온 대상과 주제의식이 아닌 그 밖의 것들에 가치를 부여할 때 지금까지와는 '다른' 그림을 그릴 수 있다는 것을 모르는 이들이 너무도 많은 듯하다. 슬픔을 제대로, 깊이, 진실로 슬퍼하는 자의 그림. 나는 그 그림이 충분히 '다른' 그림이 될 수 있다고 믿는다.

박성경

무사시노미술대학에서 일본화, 홍익대 일반대학원에서
동양화를 공부했다. 논문「슬픈 기억에 대한 파토스적
표현 연구」가 있다.〈와원〉전(홍익대 현대미술관, 2014)
등에 참여했다.

207

진짜 선택의 공포

올리버 예게스의 『결정장애 세대』,
레나타 살레츨의 『선택이라는 이데올로기』

김신식

1

슬라보예 지젝이 즐겨 쓴 예시였던 카페인 없는 커피. 실은 카페인 없는 커피란 내 건강을 관리할 유해한 맛과 성분의 사라짐을 뜻하지 않는다. 엄밀히 말하자면, 우리는 '카페인 없음'이라는 선택항이 추가된 또 다른 커피 맛을 즐기고 있는 것에 가깝다. 이처럼 선택이라는 이데올로기는 무無=유有임을 설파한다. 없음은 선택하는 이에게 더 큰 부담일 뿐이다. 없음마저 또하나의 기회이자 선택항이 된 이때, 올리버 예게스가 『결정장애 세대』(강희진 옮김, 미래의창, 2014)에서 언급한 "과잉 기회"는 귀담아들을 만한 용어다.

허나 나는 선택 · 결정에 주목하는 두 책을 읽으면서 "두번째 기회"라는 표현에 더 주목할 필요가 있다고 생각했다. 가령, 최근 베스트셀러에 오른 조해너 배스포드의 『비밀의 정원』이나 레나타 살레츨이 『선택이라는 이데올로기』(박

광호 옮김, 후마니타스, 2014)에서 예로 든 『All About Me』 같은 책의 형태를 살펴보자. 실상 (조금 과장을 섞어) 두 책의 용도는 빈 페이지를 독자가 채워나감으로써 충족된다. 여기서 독자가 부딪히는 당황스러움은 빈칸이라는 과잉 기회에서 자신이 구상하고 선택한 내용을 넣어야 하는 곤란함으로만 이해되기 쉽다. 하지만 문제는 자신이 선택한 내용을 빈칸에 채워넣었을 때 그 내용을 '다시' 고칠 수 있는가의 여부다. 독자들은 이 책들을 통해 첫번째 선택이 '연습'이 아니라 '실전'임을 안다. 그렇기 때문에 이 빈칸에 어떤 금기가 있기를 바란다. 선택의 실패를 최소화하기 위해서. 예로 든 이 책들은 라캉적 도식에 제법 충실하다. 『비밀의 정원』 같은 컬러링북이 지향하는 '안티-스트레스'는 대타자로 다가온다. 사람들은 이 대타자를 통해 흠과 틈이 '없다고 여기는 믿음'을 믿으려 한다.

'선택이라는 이데올로기'가 문화적 틀에 가둬버린 윤리적 강박은 우리 스스로
심리(학)적 모델이 되는 것에 거리낌이 없도록 조장하고 있다. 선택하는 동물인
'나'가 쏟는 에너지의 또다른 이름인 '세심한~'은 우리를 더욱더 강박적으로 보이게 하는,
내향적 모델로 여겨지도록 하는 표지일 뿐이다. 우리에게 정신병적인 것,
강박증적인 것, 신경증적인 것은 먼 거리에 있지 않다.

우리는 흠과 틈이 '없다고 여기는 믿음'에 대한 믿음을 좀더 자세히 이야기해볼 필요가 있다. 한데 그 필요성은 늘 선택의 곤혹스러움과 관련하여 흔히 떠오르는 장면들에 가려져 있었다. 당신이 좋아하는 사람과 식당에 가서 메뉴판을 보고 있는 것으로 시작하는 장면 같은. 당신은 이삼십 분이 지나서도 무엇을 먹을까 정하지 못한다. 옆에 있는 상대가 '아무거나' 혹은 '당신 좋아하는 걸로'라는 말을 할까봐 두려운 당신은 고민에 빠진다. 이 장면을 설명하고자 '지연 행동' 등의 심리학적 용어가 동원된다. 허나 이러한 장면들은 진짜 선택의 공포가 무엇인지 알려주지 않는다.

2

이는 『결정장애 세대』와 『선택이라는 이데올로기』를 단순히 소비문화와 선택이라는 차원으로만 읽어서는 안 되는 이유이기도 하다. 두 책을 깊이 읽기 위해 주석이 필요하다면, 나는 지젝의 『진짜 눈물의 공포』(오영숙 외 옮김, 울력, 2004)를 권하고 싶다. 『진짜 눈물의 공포』는 특히 예게스나 살레츨이 몰아붙이다가 만 듯한 정치와 윤리 그리고 삶의 관계를 심도 있게 조명한다.

일단 이 주석서를 활용하기에 앞서 두 책이 이야기하려는 선택의 공포는 무엇인지 알아보자. 예게스나 살레츨은 공통적으로 오늘날 선택이라는 행위에 침투해 있는 조언 문화, 명성에 대한 갈망과 추구, 이를 부추기는 SNS의 과잉 사용과 사람들 사이에서 벌어지는 인정받고 싶음의 폐해, 정치적 올바름이라는 무관심, 윤리적 소비에 대한 비판 등을 언급하고 있다. 허나 이러한 화제에 끌려 다니며 책을 읽는다면, 우리는 이 두 책을 선택과 결정의 곤란함을 마구 수렴한 사회비평

집을 만났다는 데 자족하게 될 것이다. 가령 소비의 언어에 복속된 선택이 정치마저도 소비자의식에 가깝도록 만들었다는 문제 제기는 오늘날 정치·윤리·삶의 관계를 표면적으로만 보는 논법일 뿐이다. 이 표면을 긁었을 때 나는 껄끄러운 소리에 잠시 귀를 기울여보자. 지젝은 이러한 굉음 나는 영화들을 해부 대상으로 삼는다. 크시슈토프 키에슬로프스키의 〈십계〉 10부작, 닐 라부트의 〈남성 전용 회사〉, 데이비드 린치의 〈스트레이트 스토리〉 그리고 앤서니 밍겔라의 〈리플리〉가 그 예다. 특히 지젝은 크시슈토프 키에슬로프스키 감독의 〈십계〉 분석에 애착을 보인다. 지젝에 따르면, 키에슬로프스키가 펼쳐내는 결말은 "도덕에서 윤리로의 전환"을 나타낸다. 지젝이 볼 때 윤리(학)는(은) 단지 선/악의 경계를 되묻는 논증 실험이 아니다. 윤리(학)는(은) "모든 음모 가운데 가장 음험하고도 대담한 것"

이 나타나는 삶의 영역이다. 〈십계〉에서 각 등장인물은 예기치 않은 선택을 한다. 인물들은 자신에게 다가오는 진실이 감당하기 어렵다고 느낀다. 이 어려움 앞에서 인물들은 거짓에 고개 숙이기도 한다. 이는 거짓을 향한 순수한 굴종이 아니다. "진실을 말하는 거짓말쟁이"(조효원)의 역할을 수행하는 역설적인 자아의 출현을 보여준다.

지젝은 닐 라부트 감독의 영화 〈남성 전용 회사〉를 분석하면서 이러한 윤리적 곤혹이 왜 오늘날 중요한지 더 이야기해보고자 한다. 영화의 내용은 이렇다. 여자들이 자신과의 깊은 관계를 허락하지 않는 것에 분개한 두 남자가 있다. 이들은 여자들에게 상처를 주겠다는 일념으로 실험을 펼친다. 실험인즉슨, 사랑에 관해 더이상 희망을 갖고 살지 않는 (인기 없는) 여자를 선택해 다가간 다음, 그 여자를 두 남자가 동시에 좋아하는 상황을 만든다. 뒤

213

이어 여자가 그 상황을 진짜로 받아들이게 될 때, 두 남자는 이 모든 게 실험이었음을 밝힌다. 즉 두 남자는 자신이 받았던 상처를 빌미 삼아 타인에게 심리적 고문을 가하겠다는 것이다. 근데 이 시나리오가 실행되는 단계에서 문제가 생긴다. 실험 대상으로 선택된 귀머거리 여인을 남자 B가 진짜 좋아하게 된 것이다. 이런 가운데 실험에 동참한 남자 A가 실제로 어느 여자와 잘 지내왔음이 밝혀진다. 실은 남자 A의 목표는 A가 자신과 같은 처지에 있다고 여겨지는 남자 B에게 '상처를 주는 것' 자체가 목적이었다. 한데 남자 B는 이 실험의 의도를 일찍이 폭로함으로써 실험의 규칙을 깨버리고 귀머거리 여인에게 더 다가가게 된다. 사랑으로 남자 A의 심리적 고문을 피해가겠다는 것이다.

지젝은 남자 A와 B를 통해 악의 입체성을 본다. 남자 A는 실험을 통해 악을 악 자체로 보여주려는 태도를 견지하는, 즉 '악을 사명감 있게' 보여주려는 인물이다. 반면 남자 B는 실험의 규칙을 깸으로써 어쩔 수 없이 악을 택하는, 즉 '삶에 대처하는 방식으로서의 악'을 추구한다. 지젝의 해석을 빌려 우리는 선택이라는 이데올로기가 우리로 하여금 선/악의 효용성에 대해 끊임없이 신경쓰게 만드는 감정의 기제임을 알게 된다. 선택이라는 이데올로기는 우리에게 정치=선/악이라는 항목을 선택하게 만든 채, 다른 항목을 '선택하지 못하게' 하는 선택을 강권하고 있다. 다만 선도 선 나름대로 입체적으로, 악도 악 나름대로 입체적으로 본다는 것은 기대와 달리 선/악의 효용성에서 벗어난 정치적 사고로 이어지지 않는다. 외려 우리가 마주하는 것은 그러한 선/악의 가치를 입체적으로 보라는 데서 온 선택 사항 앞에서 주저하고 마는 강박증적인 정신상태다. "실은 제가 그렇게 착한 사람은 아니어서요"로 라는 말을 쉽사리 꺼내게 되는 대화. 우리는 이런 대화에 익숙해지면서, 내면에 깃든 선/악의 조절 장치(윤리라는 이름의)를 활용한다. 그러면서 '신경쓰고 있다'는 상태는 정상적인 삶의 범주가 되고, 정치는 윤리적 강박 그 이상도 이하도 아닌 것으로 자리잡는다. 정치는 곧 '신경쓰고 있음'의 다른 이름이 되어버린 것이다.

3

이처럼 '선택이라는 이데올로기'가 문화적 틀에 가둬버린 윤리적 강박은 우리 스스로 심리(학)적 모델이 되는 것에 거리낌이 없도록 조장하고 있다. 그러했을 때 선택하는 동물인 '나'가 쏟는 에너지의 또다른 이름인 '세심한~'은 더이상 당신의 매력을 순수하게 돋보이게끔 하는 형용사가 아니다. '세심한~'은 당신을 더욱더 강박적으로 보이게 하는,

내향적 모델로 여겨지도록 하는 표지일 뿐이다. 우리는 세심해질수록 그 자신이 강박적인 인간으로 규정되고 있음을 체감하며, 이러한 강박을 은밀히 즐기게 된다.

우리는 지젝의 주해를 빌려 두 저자가 결국 인간의 행위 하나하나가 갈수록 강박적으로 보이게 만드는 요인이 무엇인지를 간파하려는 데 중점을 두었음을 알 수 있다. 고로 익히 아는 내용이지만, 우리에게 '정신병적인 것' '강박증적인 것' '신경증적인 것'은 먼 거리에 있지 않음을 책을 읽어나가며 새삼 깨닫게 된다. 이를 무시하면서 즐기든, 티를 내면서 즐기든 두 저자는 살면서 부딪히는 선택의 윤리적 곤혹을 우리는 어떻게 마치 사이코스릴러의 형식으로 소비할 수밖에 없게 되었는지 말하고 있는 듯하다.

그러했을 때 선택이라는 이데올로기가 선사하는 진짜 선택의 공포는 정치적 이데올로기가 일종

의 기운·기분과도 같다고 규정하는 것이다. 이러한 맥락에서 "약간은 사회주의를, 약간은 진보적인, 약간은 보수적인" 것이 섞인 결정장애 세대의 '나'를 기술한 예게스의 진단은 일말의 진실을 담고 있다. 정치는 이제 그날의 기분과 다를 바 없다는 진실. 우리는 얼마든지 내일 또다른 기분을 선택할 수 있을 것이다. 다만 선택이라는 이데올로기는 당신이 정치에 관해 결국 '선택하지 않음'을 선택했다고 귀띔해주진 않을 것이다.

|

김신식

|

대학과 대학원에서 커뮤니케이션학과 문화연구를 공부했다.

감정사회학 1인 연구기관 '김샥샥 연구소' 소장.

음악 웹진《웨이브weiv》와 네이버 칼럼니스트로 활동중이다.

북노마드

살아가는 거야, 서로 사랑하는 우리.
상처에서 짓이겨진 박하 향기가 날 때까지

박하 향기가 네 상처와 슬픔을 지그시 누르고
너의 가슴에 스칠 때
얼마나 환하겠어, 우리의 아침은

어디에선가 박하 향기가 나면
내가 다녀갔거니 해줘

– 허수경 『박하』 중에서